MARKETING CALLEJERO

TU CORAZÓN EN EL OFICIO, TU MENTE EN LOS NEGOCIOS

ARMANDO CARRASCO

ESCRIBANÍA®
Editorial

MARKETING CALLEJERO ®
Armando Carrasco Zamora

Corrector de estilo: Kenia Benítez

Primera edición Enero 2022

ISBN: 978-607-29-2661-5

Publicado por
Escribanía ®
Puebla, Pue., México

www.escribania.com.mx
escribe@escribania.com.mx

ÍNDICE

INTRODUCCIÓN

Visité treinta agencias de publicidad de las grandes ligas para obtener un trabajo a la mitad de la carrera. Estudiaba, en ese entonces, la licenciatura en Publicidad, cuando me entraron las ganas de trabajar en una de esas grandes agencias. Mis profesores siempre fueron muy claros; que para poder entrar a esas agencias solo había dos caminos, o tener una buena palanca o entrar a trabajar sin paga. Como no tenía palancas para entrar, tuve que optar por la segunda opción y estuve más de un año sin recibir salario. Sin embargo, mi paga fue mucho mejor que eso, gané la experiencia de grandes creativos que dirigieron mi aprendizaje en el mundo de la creatividad publicitaria profesional.

Me desarrollé en el mundo de las agencias de publicidad de alto nivel por casi nueve años, ejerciendo, primero, como *Copy Traineé* (redactor comercial *junior*), después como *Copy Senior* (redactor comercial *senior*) y terminé en la función de director creativo asociado. No mencionaré la primera agencia a la que entré sin paga para no meterla en problemas fiscales, pero pude colaborar en J. Walter Thompson México, en Scali, McCabe, Sloves México y para Silvio García Patto. Manejé cuentas como Nissan, Aurrera, Banca Serfin, Hertz, Continental Airlines, Purina,

Sonric's, Tres Estrellas, General Electric, Futy Gom, entre otras marcas y productos; lo cual me dio una experiencia invaluable.

Tiempo después, decidí abrir mi propia agencia en la ciudad de Puebla. Se llamaba Persuade y conseguimos clientes locales importantes, incluyendo una sección de comunicación interna de la VW. Como agencia, manejamos todos los medios locales: televisión, radio, prensa, espectaculares y, por supuesto, impresos. En ese entonces, no figuraban para nada las redes sociales ni los medios digitales. Con el paso de los años, decidí incursionar en la publicidad digital, por un periodo de diez años estuve reconfigurando mi mente para entenderla. Más tarde, tuve la gran oportunidad de trabajar al lado de Jim Killion en una agencia digital, la cual, al presente, sigue activa.

Durante más de treinta y siete años estando activo en la publicidad, siempre he tenido la inquietud por el *marketing* callejero, aquel que se da en las calles, en personas que, con mucho esfuerzo, juntan un dinero para abrir un negocio. Estos negocios invierten en publicidad y mercadotecnia, pero muchas veces, sin un proceso o sistema, lo cual termina en una mala inversión de su dinero.

En este pequeño libro, lo que quiero plasmar es una guía que oriente a estos negocios a invertir en publicidad y *marketing* de una manera más eficaz. No pretendo que sea un compendio completo de todas las técnicas y teorías del *marketing* y de la publicidad, en realidad pretendo que funcione como una guía de caminos que a un negocio le conviene tomar para ser más efectivo en su participación dentro del mercado. Que tú, lector, te sientas orientado al momento de elegir "por dónde ir" en este camino tan excitante de la mercadotecnia y de la publicidad a una escala callejera, que ser de calle no te impida volar alto.

Espero, de todo corazón, que así funcione y que tu negocio, después de aplicar ciertos *tips* y consejos, dé mejores resultados y, por supuesto, mejores ganancias.

AGRADECIMIENTOS

Quiero agradecer a mis padres que me apoyaron a estudiar *publicidad*, en ese tiempo era difícil entender que me dedicaría a "hacer anuncios". Infinito amor a ellos.

Por supuesto, le agradezco a mi maestro en la universidad, Aurelio Ceniceros, por la fuerza motriz que imprimió en mí para ir en búsqueda de trabajar en las agencias de publicidad de las grandes ligas.

De igual manera, agradezco a mi primer jefe en Walter Thompson, Héctor Cicero, sus palabras y su enseñanza fueron invaluables. Siempre estaré agradecido.

David Hernández, ¡uf! Hermandad de trinchera. Gracias por la oportunidad que me diste de trabajar en tu equipo ¡Cuántas anécdotas! ¡Qué tiempos!

¡René Molina Vicente! Toda la vida estaré agradecido por acompañarme en una de mis travesías ¡más importantes de mi vida! Eres un creativo excepcional, pero como persona ¡eres invaluable!

A todo el equipo de Digizent, nunca, en mis 33 años de publicista, había formado parte de un equipo tan completo y tan profesional.

Es tan sensacional pelotear ideas con Mike y Adanary que no puedo visualizar trabajar sin ellos. ¡Mil gracias por su apoyo! Y por entenderme a la primera.

Agradezco de manera especial a Jim Killion, por enseñarme que la ética bien cabe dentro del ambiente agresivo de la publicidad.

Mi especial agradecimiento al más creativo de todos, Aquel que me diseñó y puso en mi carrera mi propósito de vida. Dios, eres el director creativo más espectacular ¡de todos los tiempos!

MARKETING CALLEJERO

LA PRIMERA LECCIÓN

Mi primera lección en una agencia de publicidad no fue conocer las mejores técnicas de la redacción publicitaria. Sin embargo, fue una lección que preparó el camino para que mi carrera en la publicidad fuera sólida.

Nunca se me va a olvidar, llegué el lunes temprano a la agencia, ya había llegado mi jefe, el director creativo, me vio, nos saludamos y, de inmediato, me pidió que fuera a su oficina. Después de saludarme me preguntó lo que había hecho el fin de semana, orgullosamente le contesté que había andado de fiesta el viernes, de fiesta el sábado y de fiesta el domingo...

No había terminado de hablar cuando empezó la ametralladora de mi jefe con palabras que de "tonto" no me bajaban, no obstante, al final me dijo algo que cambiaría totalmente mi forma de ver las cosas: "México es un país de mediocres, es bien fácil sobresalir, si te dedicas a estudiar sobre tu carrera, muy pronto vas a destacar". Doloroso, pero en ese tiempo, cierto. Yo sé que han cambiado mucho las cosas, hoy hay mucha gente muy preparada, a pesar de ello, la verdad central es prepararse para sobresalir. Acepté el reto. En un año, me buscaron de otra agencia, éramos siete candidatos y yo era el primero en pasar a la entrevista. Me contrataron a la primera, sin entrevistar a los seis restantes. No es jactancia, simplemente había funcionado el estudiar y capacitarme, en lugar de andar de fiesta.

Esta lección es aplicable a tu negocio. Si quieres sobresalir, deberás prepararte en el ámbito de los negocios y una de sus ramas es el *'marketing'* y la publicidad. Dedícale tiempo, el más valioso de tus recursos, y verás en un tiempo razonable el fruto de tu inversión.

¿QUÉ ES EL MARKETING CALLEJERO?

Este breve libro está pensado para todos aquellos negocios pequeños que se encuentran en la calle, que no cuentan con un presupuesto para *marketing,* pero que pueden sacar provecho a principios **universales** de mercadotecnia. A lo largo de mi experiencia en publicidad y *marketing* con grandes y pequeñas empresas, me doy cuenta que los mismos principios funcionan para ambas partes. La diferencia obvia es, por un lado, el abultado presupuesto de las compañías grandes y, por el otro, la falta de éste en las empresas pequeñas.

En el *marketing* callejero es clave conocer los principios universales, mucha creatividad y mucho esmero en cuidar los detalles de ejecución. Los negocios callejeros son muy creativos, la misma calle hace que desarrollen habilidades creativas que ya quisieran los ejecutivos de las empresas trasnacionales. Lo que necesitan estas pequeñas empresas callejeras es conocer los principios del *marketing* y una dedicación exigente al ejecutarlos.

Empezaré por definir qué es el *marketing* y qué es el *marketing* callejero. Existen ya muchas definiciones de mercadotecnia, analizaremos solo algunas para tener un panorama general y posteriormente haré una definición de marketing callejero.

Definición de mercadotecnia, según Philip Kotler:
Mercadotecnia es la ciencia y el arte de explorar, crear y entregar valor para satisfacer las necesidades de un mercado objetivo por un beneficio. La mercadotecnia identifica las necesidades insatisfechas y deseos. Se define, mide y cuantifica el tamaño del mercado identificado y el potencial de ganancias. Señala qué segmentos la compañía es capaz de servir mejor y diseña y promueve los productos y servicios adecuados.

Definición de mercadotecnia, según Jay Baer:
La **mercadotecnia** es el mensaje y/o las acciones que causan mensajes y/o acciones.

Definición de mercadotecnia, según Mark Burgess:
La **mercadotecnia** es el proceso mediante el cual una

empresa rentable traduce las necesidades del cliente en ingresos.

Definición de mercadotecnia, según Steve Dawson:
La **mercadotecnia** son productos que no vuelven y consumidores que si lo hacen.

Definición de mercadotecnia, según Steve Dickstein:
La **mercadotecnia** deleita un consumidor, cliente y/o usuario para lograr un beneficio u otra meta preestablecida.

Definición de mercadotecnia por Chris Garret:
La **mercadotecnia** es el proceso de construcción de relaciones con prospectos y clientes para que puedas desarrollar rentablemente y promover tus productos y servicios.

En todas estas definiciones hay algunos puntos importantes:

- Servicio / producto
- Mensaje
- Proceso
- Clientes
- Beneficio

Para efectos de este libro, puedo redactarlo de la siguiente manera:

El *marketing* es:
Ofrecer o producir un servicio o producto con un proceso tal, que los clientes queden satisfechos y, así, nos generen utilidades.

Ahora bien, el *marketing* callejero es:
Tener un producto o servicio de tal impacto que provoque que los clientes **siempre** regresen.

Lealtad, Elemento Clave

Construir lealtad es uno de los retos más importantes para los negocios. Por años, hemos escuchado frases como: "Es un producto muy noble", pero al tener un producto "noble" se olvidan del servicio, de la mejora continua, del crecimiento y de la innovación. La buena noticia es que se puede crear lealtad aún con productos o servicios que no son tan "nobles".

Crear lealtad es la base del *marketing* callejero. En la lucha urbana por ganar clientes, en tu negocio callejero, puedes tener buenos productos y buenos servicios, pero si no tienes un sentido por crear lealtad en los clientes, los pierdes. ¿Cuántas veces, pero cuántas veces una señora decide ir a la otra tiendita que le queda más lejos porque en la que le queda cerca la tratan mal? Una frase común es la de: "Voy a ese negocio porque no me queda de otra, pero son de lo pcor...". La lealtad es un objetivo prioritario en el *marketing* callejero y todo lo que vas a aprender será desde el reto de crear lealtad en tus clientes. Buscar que tus clientes regresen y que cada cliente ganado sea un cliente de larga duración.

Vas a crear lealtad combinando todos los principios del *marketing*. Esa será tu meta. Aprenderás los principios de la mercadotecnia y será labor tuya tener la habilidad de ponerla en práctica de tal manera que tu negocio crezca firme y estable por tener clientes leales.

Ahora bien, empieza con un principio muy básico, para poder obtener lealtad debes invertir lealtad. Todo lo que hagas debes hacerlo pensando en invertir tu lealtad y debes preparar todas las acciones de tu negocio para recibir lealtad. Es un principio de negocios que no falla. A veces, queremos lealtad, pero no somos leales, el principio de invertir lealtad para obtener lealtad es infalible. Para poder entenderlo a fondo, analicemos el significado de *lealtad*, de acuerdo al diccionario:

- Sentimiento de respeto y fidelidad a los propios principios morales, a los compromisos establecidos o hacia alguien.
- Cumplimiento de lo que exigen las leyes de la fidelidad y las del honor.
- Fidelidad, exactitud, veracidad.
- Cualidad que lleva a una persona a comportarse de acuerdo con las normas sociales y morales que se consideran apropiadas.

Con estas definiciones podrás entender un poco más la lealtad de tus clientes y tu lealtad hacia ellos.

Desde otra perspectiva, el término *lealtad* proviene del latín *legalis* que significa "respeto a la ley". El término **leal** es un adjetivo usado para identificar a un individuo fiel con base en sus acciones o comportamiento. Es por ello que una persona leal es aquella que se caracteriza por ser dedicada, cumplidora e inclusive, cuando las circunstancias son adversas, defiende lo que cree, por ejemplo, un proyecto.

Se define como **lealtad comercial** cuando una persona se compromete con un producto o servicio, donde dicho afecto es el resultado de una buena combinación de elementos de *marketing* que logran establecer una relación a largo plazo entre el cliente y el negocio.

El negocio piensa; yo me comprometo a siempre buscar que quedes satisfecho; yo me comprometo a buscar que siempre tengas el mejor precio, el mejor producto, el mejor servicio; seré leal en estos compromisos. A tal grado será este compromiso que mi lealtad hacia el cliente está por encima de ganar utilidad solo una vez; pensaré a largo plazo; planearé a largo plazo; todo mi sistema de negocio estará pensado en relaciones a largo plazo; será basado en lealtad a mis clientes.

Cuando inviertas esa clase de lealtad, es seguro que obtendrás lealtad de tus clientes.

Debes tener en la mira la lealtad en cuatro conceptos principales:

- Leal a tu producto.
- Leal a tu clientela.
- Leal a tu negocio.
- Leal a tus proveedores.

Lealtad a tu Producto

Todo producto debe tener una razón de ser, una razón por la cual fue hecho. El producto puede tener muchos cambios, la intención puede tener muy pocos. ¿Has notado que, antes, te vendían productos de 200 g a cierto precio y, ahora, pagas lo mismo o un poco más por menos producto? Allí se perdió la lealtad al producto. El cliente sale afectado por querer recortar gastos y tener más utilidad. La gente se da cuenta y el único resultado es una mala percepción hacia la empresa, **no hacia el producto,** el cliente identifica la intención de la empresa.

Lealtad hacia el producto es **siempre** mejorarlo.

Lealtad a tu Negocio

Todos sabemos, incluyendo tus clientes, que debes ganar utilidades, es lo justo. El problema surge cuando eres desleal a tu modelo de negocio, cuando quieres cobrar más allá de tu producto o servicio. Cuando cobras por entrar, cobras por salir, cobras por saludar, cobras por ver la TV, cobras por el estacionamiento... Y así, un sinnúmero de conceptos "cobrables". Tienes tanto tráfico en tu negocio que crees que puedes sacar dinero por todo. Lo mismo, tus clientes se dan cuenta que has sido desleal a tu negocio y se forman una idea muy dañina para este, al grado que puedes ir, lentamente, perdiendo tu clientela.

Lealtad a tus Clientes

Uno cree que es fácil ser leal a los clientes, porque uno piensa que quienes deben ser leales son ellos. La verdad es que tú también debes ser leal a tu clientela. Ejemplos muy sencillos: cumple tu horario de apertura y cierre de tu negocio **siempre.** Que tu cliente sepa que va a estar abierto en los horarios que tú dijiste. Cumple promesas, cumple promociones. Si lo dijiste, ¡sé leal y cúmplelo!

Lealtad a tus Proveedores

A veces, los proveedores nos sacan canas verdes y nos ponen en un estrés tremendo… Fechas de entrega, aumentos de precios, cambios en el producto, etc. Sin embargo, un factor importante es comprometerse a desarrollar relaciones comerciales a largo plazo con los proveedores. Trabajar a largo plazo con ellos crea una sinergia de buenos resultados para todos. No es recomendable cambiar muy seguido de proveedores.

Definitivamente, poner un negocio que dé a la calle ya no es como antes, donde una familia, con sus ahorros, ponía un *changarro* y funcionaba, porque ofrecía un servicio cerca de sus vecinos ¡así nomás! Pero las cosas han cambiado, los productos han cambiado, los servicios han cambiado, la competencia ha cambiado y, principalmente, los clientes han cambiado.

El *marketing* callejero es un agresivo sistema para conseguir lealtad. La calle es un entorno violento, una competencia descarada y muy combativa, clientes insatisfechos buscando y exigiendo siempre el más **notorio** beneficio; buen precio, buen producto, que les quede lo más cerca posible, que los traten bien y ¡un largo etcétera! Si le agregas la inseguridad, nos damos cuenta que la calle siempre será una jungla y solo quienes lo entiendan pueden jugar mejor sus cartas.

DEFINE TU NEGOCIO

Lo primero que tienes que hacer es definir qué es tu negocio. En ocasiones, esta propuesta parece demasiado obvia, pero es **muy importante**, porque de aquí parte todo. Como se entiende que nuestros negocios dan a la calle y son pequeños, voy a simplificar la definición contestando estas preguntas para ayudarte a redactar una definición de tu negocio:

- ¿Comercializas, produces o rentas?
- ¿Es un producto o un servicio?
- ¿De dónde, exactamente, vienen las utilidades?
- ¿Cuántas son tus utilidades?
- ¿Cuál es tu producto o servicio principal?

Los otros puntos importantes que deben estar en tu definición son:

- ¿Qué deja la utilidad?
- ¿Quién deja la utilidad?

- ¿A qué hora entra la utilidad?
- Porcentaje de utilidad.

Definir es, de acuerdo al diccionario, "explicar de manera clara y precisa el significado de un concepto". Por lo que debes tener bien claro y preciso qué te hace ganar dinero. **No lo que hace que entre dinero**, sino lo que hace que ganes dinero. Una vez que tienes bien definido tu negocio, ahora sí puedes hacer todas tus estrategias en función a **tu negocio.**

Ejemplos:

Definición 1
Mi negocio es la comercialización de material de impermeabilización. Ofrezco servicio de impermeabilizar y entra dinero, pero la utilidad la tengo de la venta de material. La utilidad de la venta de material es del 45%. El cliente final es el maestro que impermeabiliza.

O al revés.

Mi negocio es la comercialización de servicios de impermeabilización. Ofrezco material para impermeabilizar y entra dinero, pero la utilidad la tengo de la venta de servicios de impermeabilización. La utilidad del servicio de impermeabilización y es del 90%. El cliente final es el dueño de la propiedad.

Definición 2

Mi negocio es la cafetería. Entra dinero por todo lo que se ofrece en el negocio, pero la utilidad está en los desayunos, entre las 9 y las 11 de la mañana. Utilidades del 100% y son los empleados de las empresas cercanas.

Definición 3

Mi negocio es una papelería, ofrezco todo lo necesario para los estudiantes. Sin embargo, donde se genera la utilidad es en las "maquinitas", a la salida de la escuela, en los *lunches* que vendemos en la mañana, antes de entrar a la escuela, y en los trabajos de investigación que nos piden los alumnos. Las "maquinitas" dejan una utilidad del 300%, los *lunches* una del 80% y los trabajos de investigación una del 150%.

DEFINE TU REALIDAD

El siguiente paso es definir cuál es tu realidad. Te permitirá saber dónde estás parado y cuáles son tus recursos **reales** disponibles y, de acuerdo con eso, empezar a trabajar.

Escribe en un papel dos listas, en una de ellas, anota todos los recursos con los que cuentas y, en la otra, apunta todas las carencias que tienes. Haz un balance de todos estos puntos y determina cuál es tu realidad. Tal vez tu realidad es que no puedes empezar un negocio, tal vez tu realidad es que lo único que tienes es una idea. O tal vez te darás cuenta que cuentas con todos los recursos necesarios para empezar.

En los negocios, ser realista es la mejor forma de empezar. Esto no tiene nada que ver con los sueños que nos impulsan, yo creo que todo debe empezar con un gran sueño. No obstante, a la hora de trabajar, debes empezar por definir tu realidad. No olvides también incluir en tu lista cosas como: si necesitas rentar un lugar, si tienes un lugar que puedes acondicionar en tu casa, si estás en segundo piso o si hay tres negocios del mismo giro en la misma cuadra.

Evita los "hubiera", "pudiera", "si me sacara la lotería", "si la tía Mema me deja el terreno"... La realidad es lo que tienes en ese momento, los recursos con los que cuentas actualmente, de manera tangible e inmediata. De igual forma, debes incluir en tu realidad **qué es lo que te hace diferente de la competencia.** La realidad más intensa es cuando "creemos" que solo por tener la idea de un negocio, este va a funcionar. Un punto fuerte de tu definición de realidad es saber y estar consciente si verdaderamente tienes algo que te diferencie de los demás. No importa si es mucha o poca la diferencia, lo importante es tener ese recurso.

Un sistema muy atinado y eficaz para definir nuestra realidad es el método FODA, que es el acróstico de:

Fortalezas

Oportunidades

Debilidades

Amenazas

Apunta y escribe cuáles son tus fortalezas, cuáles son tus oportunidades, así como tus debilidades y tus amenazas. Tal vez tu fortaleza sea la ubicación, tu oportunidad sea que eres el presidente de la colonia y todos reconocen tu labor, tu debilidad tal vez sean tus horarios y como amenaza tienes un nuevo negocio que abrió hace dos meses con el mismo giro que el tuyo. El sistema FODA realmente ayuda a definir nuestra realidad.

Debes definir tu realidad, por muy cruda que sea. Y, a partir de allí, buscar soluciones y tomar decisiones basadas en ella.

MISIÓN Y VISIÓN

Ahora que ya tienes definido tu negocio y tu realidad, el siguiente paso es la elaboración de tu misión y tu visión.

La misión es la razón por la que existe tu negocio, es el argumento principal de por qué lo creas. Es la esencia de tu negocio.

La visión es plasmar, con palabras claras y concisas, a dónde quieres llegar con este negocio en el futuro.

Ambos conceptos debes tenerlos por escrito y ponerlos en un lugar visible, **principalmente para que tú y tus empleados** los puedan ver diario. No necesariamente los tiene que ver el cliente. Lo importante es que tu equipo siempre recuerde por qué existe tu negocio y hacia dónde va.

Como un consejo práctico, cuando redactes la misión y la visión, evita poner conceptos generales, universales y ambiguos como: "Nuestra misión es ofrecer el mejor producto con el mejor precio y con la mejor calidad de todos los tiempos y de todo el mundo" o "Nuestra visión es llegar a conquistar todo el mercado de México y el mundo". Lo que funciona es una redacción de la misión y visión que sea:

- Realista
- Concreta
- Corta y clara

TARGET GROUP

Ahora, es tiempo de precisar cuál es tu grupo objetivo, el cual no es otra cosa más que tener claro quién es tu cliente potencial. Para eso, debemos tener presente qué cliente es la persona o empresa que actualmente consume tu producto o servicio. Cliente potencial es el que **puede llegar a consumir** tu producto o servicio. El cliente potencial existe, usa el producto o servicio que ofreces, pero no te compra a ti. Ese cliente es tu objetivo.

Esto no quiere decir que no vas a hacer estrategias para conservar y hacer crecer a tus clientes establecidos. Por supuesto que el *target* incluye tanto a clientes como a clientes potenciales. Sin embargo, es necesario tener la diferencia bien clara en nuestras mentes para poder hacer una buena estrategia.

Estos son los datos que generalmente se usan para definir nuestro *target group:*

- Sexo
- Edad
- Nivel socioeconómico
- Estilo de vida
- Lugar de residencia
- Gustos y tendencias

De acuerdo a tu *target,* se crearán los planes y se implementarán las estrategias enfocadas, por eso es **sumamente importante** tener bien concretado tu *target group.*

DEFINE TU NOMBRE Y TU PERSONALIDAD

Hace muchos años, cuando recién empezaba mi carrera como publicista, mi hermano Alberto me pidió ayuda para orientarlo en un concurso de belleza de su universidad. El salón de mi hermano tenía a su representante. Una muchacha bonita, pero nada extraordinaria. Me pidió consejo, obviamente no tenían mucho presupuesto. Le aconsejé lo siguiente:

1. *Definan qué quieren lograr;*
2. *definan qué logotipo del nombre de la muchacha van a usar ('logotipar' nombre);*
3. *definan qué colores usarán (recomendé usar colores femeninos);*
4. *definan qué materiales van a usar (sugerí volantes, pósteres y manta) y*
5. *mantengan estas dos cosas en todos los materiales que usen.*

Ya te imaginarás el resultado. Con poco dinero y con una pequeña, pero consistente estrategia, ganaron.

Es precisamente lo que quiero transmitir en este libro. Puedes hacer una estrategia con el mismo dinero que inviertes, hacerlo con estrategia de *marketing* y publicidad. La mayoría de los conceptos que estamos manejando no requieren de grandes inversiones. Y donde tengas que invertir... definitivamente sí tendrás que hacerlo, pero créeme, valdrá la pena.

Una vez que has definido tu negocio, el siguiente paso es definir tu nombre y tu personalidad. Debes empezar por imaginar tu negocio como si fuera una persona. Una gran ventaja es que puedes crear la personalidad de tu negocio de acuerdo a tus objetivos. ¿Qué personalidad quieres que tenga tu negocio? De eso se trata este capítulo.

DEFINE LA PERSONALIDAD

Lo primero que debes hacer es escribir los rasgos de la personalidad que quieres que tenga tu negocio. Puedes empezar con esta frase:

Si mi negocio fuera una persona, sería...

Elabora la lista de cómo te gustaría que fuera la personalidad de tu negocio, pero sobre todo, de qué personalidad necesitas que tenga. Recuerda que tú la vas a crear. Primero debes definirla y después crearla.

Si tu negocio fuera una persona, sería...

- ¿Casual?
- ¿Formal?
- ¿Seguro de sí mismo?
- ¿Accesible?
- ¿Serio?
- ¿Sonriente?
- ¿Platicador?
- ¿Rápido?

- ¿Lento, pero seguro?
- ¿Con experiencia?
- ¿Con ánimo?
- ¿Buena memoria?
- ¿De la vieja escuela?
- ¿Tecnológico?

Es válido escribir rasgos, inclusive físicos, que puedan describir cómo se vería tu negocio si fuera una persona.

- ¿Es hombre?
- ¿Es mujer?
- ¿Es joven?
- ¿Es adolescente?
- ¿Es maduro?
- ¿Es inquieto?
- ¿Es tranquilo?
- ¿Tiene recursos?

También ayuda el visualizar cómo se vestiría tu negocio si fuera una persona.

- ¿Usa jeans?
- ¿Camisas de manga corta?
- ¿Usa uniforme?
- ¿Ropa formal?
- ¿Usa lentes?

Cuando tengas las tres listas, asegúrate de que todo sea coherente, por ejemplo, si pones en la primera lista que es formal y con mucha experiencia, no puedes poner en la segunda lista que es joven y tampoco puedes poner en la tercera lista que usa *shorts*. Definir la personalidad de un negocio te ayudará a visualizarlo como una persona y, en consecuencia, a tomar buenas decisiones a la hora de hacer las estrategias, principalmente, a la hora de **ejecutarlas.**

DEFINE EL NOMBRE DE TU NEGOCIO

Ahora que ya tienes bien concebida la personalidad de tu negocio, el siguiente paso es encontrarle un buen nombre. Uno de los errores más comunes en los negocios pequeños es, precisamente, el nombre. De seguro, has visto nombres como:

- Ferretería NoHer; o
- Papelería FerPa; o
- Servicio mecánico CaPeMa.

Usando las dos primeras letras de los nombres o apellidos: **No**rberto **He**rrera; **Fer**nando y **Pa**ty; **Ca**rlos **Pé**rez **Mar**tínez. Son nombres que no significan nada para el consumidor ni para el cliente potencial. Solo tienen significado para el dueño, que tiene que estar explicándolo siempre.

Otro error es poner nombres ambiguos, como:

- Tortillería Nuevo amanecer; o
- Carnicería Flor de Jalisco; o
- Taquería La Nueva Esperanza.

Puede que para el dueño tenga un gran y específico significado, pero para el consumidor y el cliente potencial es un nombre irrelevante.

El otro error típico en los nombres se refiere a aquellos en inglés que son impronunciables para la persona promedio, tales como:

- Tornillería Total Engagements Supplies; o
- Mantenimiento de refrigeradores y lavadoras Accurately Devices of Fridges; o
- Marisquería Scrumptious and Succulent Shrimps Specialities.

Tal vez el dueño sienta un gran orgullo por tener un nombre en inglés, por saber su significado y por saber pronunciarlo correctamente, sin embargo, para el consumidor y para el cliente potencial puede representar un obstáculo real de acercamiento.

El nombre es el primer elemento de venta y presentación de un negocio, es sumamente importante tener uno bueno. Estos son los puntos elementales que debe contener un buen nombre comercial:

- Que haga referencia al producto o servicio que se ofrece.
- Que sea corto.
- Que sea memorable.
- Que sea fácil de pronunciar.

Haz una lista tan grande como sea posible de nombres, no descartes ni uno solo y tómate el tiempo que sea necesario. Ni creas que a la primera va a salir un buen nombre, dedica varios días a crear tu lista. Una vez que, de verdad, hayas agotado todo tu esfuerzo, empieza a descartar nombres y separa aquellos que puedan funcionar.

CREACIÓN DEL LOGOTIPO

Ahora que ya tienes definida la personalidad de tu negocio y que ya lo bautizaste con un nombre estratégico, es necesario ir al siguiente paso, la creación del logotipo.

Evita estos Errores

El primer error a evitar es hacerlo tú mismo. Querer hacer algo en Word con imágenes del *clip art* incluidas, o bien, bajando una imagen de Internet. Está bien si eres diseñador gráfico, pero si no lo eres, desiste de la idea, *zapatero a tus zapatos*.

El segundo error a evitar es que alguien cercano a la familia lo haga; el tío, el sobrino, la secretaria, y un largo etcétera. En muchas ocasiones, porque hizo un bonito dibujo de *Los Caballeros del Zodiaco* o porque es "bien creativo" creemos que va a poder hacer nuestro logo. La verdad es que no. Además, ya le invertimos mucho tiempo y mucha materia gris a definir la personalidad y el nombre del negocio como para que no pueda ser representado en el logotipo.

Y el tercer error que tienes que evitar es copiar un logotipo, solo cambiarle el nombre y/o los colores. No vale la pena. Ese logotipo contiene la personalidad y la esencia de otro negocio. Renuncia a *fusilarte* un logotipo.

El Paso Seguro

Lo que tienes que hacer es contratar a un buen diseñador gráfico, debes verlo como parte de tu inversión. Hay una diferencia tangible entre un logotipo desarrollado por el sobrino y el creado por un profesional. Es una de las principales inversiones de tu negocio, ¡será tu carta de presentación! Con ese logotipo te presentarás y ¡te conocerán!

Cuando entrevistes al diseñador debes comunicarle:

* Tu esquema de negocio.
* Tu *target group*.
* La personalidad de tu negocio.
* El nombre de tu negocio.

Seguramente, el diseñador te va a presentar varias propuestas, elije aquella que represente y manifieste lo mejor posible esos cuatro puntos. No solo te vayas por el más impactante, por el más colorido o por el más bonito, evalúa bien si representa dignamente tu negocio. Este es uno de los pasos más importantes de tu *marketing* callejero, será clave cómo te conocen tus clientes, tus clientes potenciales, tus proveedores, tus vecinos y hasta tu competencia.

IDENTIDAD CORPORATIVA

Seguro que has escuchado la nominación de *identidad corporativa*. La explicaré lo más claro posible para que puedas entender su propósito. Analicemos, primero, la palabra *identidad,* para eso nos servirá analizar su definición, la cual es:

Conjunto de rasgos o características de una persona o cosa que permiten distinguirla de otras en un conjunto.

Y por otro lado es:

Cualidad de idéntico.

Con estas dos definiciones podemos entender lo que es la identidad corporativa: **son aquellas características de nuestro negocio que nos distinguen de los demás.**

La identidad corporativa no es tu logotipo, ni ese logotipo en tu coche, es mucho más. Es el conjunto de características que forman una percepción de la personalidad de nuestro negocio. Esta es la razón por la cual definimos en la primera sección la personalidad de nuestro negocio, porque una vez que la tengamos definida, será muy fácil **crear** nuestra identidad corporativa.

La identidad corporativa se edificará en función de la personalidad que nosotros establecimos, es **intencional.** Todo lo que quieras que represente tu negocio debe ir incluido y manejado en la identidad corporativa. Su elemento clave es la percepción. Deberás aprender a crear percepciones para que la gente, tus clientes y tus clientes potenciales **perciban** lo que tú quieres que perciban.

Voy a escribir un ejemplo, vamos a pensar que tienes un excelente negocio, con instalaciones de primera, un servicio de primer mundo y un producto excepcional, en teoría tienes todo para ganar; mandas a imprimir tus folletos para promover el día de la inauguración pero, por ahorrarte unos pesos, los folletos están mal planeados, mal redactados, con malas fotos y, para colmo, la impresión es horrible. La percepción que tus clientes potenciales tendrán de ti es exactamente lo que ven en tu folleto, una mala ortografía, gente sin educación, mala planeación, mala organización, malas fotografías, malos productos, impresión horrible, malos acabados... En los ambientes publicitarios profesionales damos por hecho la siguiente frase: **percepción** es **realidad.**

La ventaja de todo esto es que la percepción la tienes en tus manos, tú puedes crearla de acuerdo con lo que necesites. La identidad corporativa es un elemento importante para transmitir una percepción.

Ahora bien, pasemos al lado práctico, ¿cómo le hacemos? Para poder contestar esta pregunta, analicemos la segunda definición; **cualidad de idéntico.** Esto nos ayuda, porque todo lo que hagamos con el logotipo y la "vestimenta" debe ser guiado para que sea idéntico a la personalidad que desarrollamos. Todo debe ser coherente, si la personalidad que desarrollaste es **amable,** tendrás que usar colores que transmitan amabilidad, pero si la personalidad que creaste es **intensa,** debes usar colores que así lo representen.

Lo mismo con la decoración, la tipografía, el uniforme, la iluminación, los muebles, la publicidad, las redes sociales, el sitio web, etcétera. Todo debe girar en torno a la personalidad planteada, las preguntas clave para cada paso son:

- ¿Esto representa la personalidad que estoy buscando para mi negocio?
- ¿Transmite la personalidad que quiero para mi negocio?

La identidad debe ser consistente, uno de los puntos a los cuales debes aferrarte con todas tus fuerzas es mantener **siempre** la misma identidad. Debes cuidar insisto siempre todo lo que tenga que ver con la identidad de tu negocio, no puedes permitirte concesiones en ningún medio que te represente, sea la fachada, el folleto, las redes sociales, tus facturas, tus tarjetas de presentación, tus uniformes o tu sitio web. Este es, tal vez, uno de los consejos más valiosos de este libro. Esto puede marcar una gran diferencia en la atracción de tu negocio.

Algo más que se debe mencionar aquí es el lenguaje que vas a usar en tu negocio; así como todo lo anterior, debe ser coherente con la personalidad que quieres implementar en tu negocio. Si la personalidad que estás desarrollando es amable, tu lenguaje debe ser amable; si es conservador, de igual forma, tu lenguaje debe ser conservador. Si es una tienda de música y accesorios rocanroleros, entonces el lenguaje debe ser a tono, esto es sumamente importante.

Recuerda que estás creando una empresa con personalidad y que tú eres el responsable de diseñarla y de implementarla, así como de mantenerla. Este proceso debe ser intencional, de principio a fin.

DEFINE TU ZONA DE GUERRA

En una ocasión, me llamó un cliente inmobiliario para pedirme que ayudara a uno de sus amigos, que también tenía una inmobiliaria. Tenía un problema, había construido un conjunto habitacional de 35 casas y llevaba un año sin poder vender más de dos. Le urgía venderlas, había puesto mantas, 'banners' en los postes, anuncios en el periódico de mayor circulación, anuncios en radio, había cambiado de agencia en dos ocasiones y ¡nada!

Era un conjunto habitacional muy bonito en una cerrada privada, un tanto escondido, pero con acceso inmediato (a una calle) a la autopista México-Puebla. Por un lado, estaba cerca de la carretera, pero por el otro, estaba muy tranquilo. La solución que le dimos fue el copy (texto comercial) dirigido a las personas que trabajan en CDMX y vienen los fines de semana a ver a su familia: "Acceso rápido a la autopista México-Puebla, pero con la comodidad y tranquilidad de una cerrada privada". Ese fue nuestro concepto creativo. Las casas se vendieron en un mes y medio.

Lo que hicimos fue definir la zona de guerra, quién era nuestro 'target' principal e ir directo a lo que, para muchos, era un problema pero, para otros, era una gran ventaja, la cercanía con la carretera. No pedimos más inversión en medios, de hecho, usamos los mismos medios que ya tenían contratados, lo único que hicimos fue buscar un mejor concepto creativo. Definir tu zona de guerra te da una gran ventaja.

Una vez que ya tienes definida tu personalidad, ya tienes un nombre, ya tienes logotipo y la pauta para tu imagen corporativa, lo siguiente es definir cuál es tu "zona de guerra", cuál es, geográficamente, el sector que vas a conquistar.

Debes demarcar tu territorio pensando en los clientes que quieres conquistar. Tal vez tu negocio está dentro de dos áreas socioeconómicas muy diferentes y tu producto o servicio es para la clase media alta, entonces marcas tus límites pensando en tus clientes. Pero tal vez, lo que ofreces va dirigido a clase baja, entonces vas a delimitar tu zona en función de tus clientes. O tal vez el servicio o producto que tienes obliga a los clientes a llegar en coche, por lo que debes hacer tu zona de acción basada en bulevares o vías ciclistas. Tal vez tus productos o servicios sean para oficinistas, entonces tu demarcación deberá ser en función de las oficinas.

Esa zona que has marcado debe ser un área que conozcas como la palma de tu mano. Debes conocer si tienes competencia en ese sector, todas las rutas de transporte público, todos los sitios de taxis, los principales negocios, las dependencias de gobierno, las escuelas, los centros deportivos, las plazas comerciales, los mercados, etcétera.

Debes saber todo acerca del territorio que quieres conquistar, no solo se trata de poner el negocio y esperar a que todo funcione, ya no es como antes. En tiempos pasados, era muy común que una persona pusiera un negocio *de lo que fuera* y les pegaba, era tan poca la oferta de negocios que pegaban casi sin hacer nada. Hoy no. Hoy es muy diferente, tanto el cliente como el cliente potencial y la competencia han cambiado de manera radical. Ahora, el competidor se ha vuelto **mucho** más agresivo y el cliente **mucho** más exigente.

USA LA TECNOLOGÍA

Te recomiendo que abras Google Maps y que localices tu negocio. Una vez que ya lo tienes localizado, haz una captura de pantalla e imprímelo. Analiza tu zona y, literalmente, márcala con un plumón, encierra tu negocio en una zona. Anexo un mapa como ejemplo (Fig.1). Esto te ayudará, porque visualmente vas a poder percibir tu zona de guerra y podrás hacer de forma más fácil una buena estrategia. Y ahora, con Google Maps, hasta podrás ver cuánta competencia tienes en la zona que demarcaste.

Aprovecho para recomendarte que des de alta tu negocio en esta aplicación web para que aparezca, es muy sencillo, solo tienes que ir siguiendo las instrucciones. Y ya que estamos hablando de esto, también te recomiendo que des de alta tu negocio en Waze, una aplicación que ayuda a los conductores a encontrar domicilios y evitar el tráfico.

EJEMPLO MAPA (Fig. 1)

Simbología | ▬ Zona de guerra (colonia)
● Negocio

LA ESPIRAL DE CRECIMIENTO

Al hablar de negocios que se encuentran en la calle y que, quizás, en él están invertidos todos los ahorros, debemos no solo cuidar todo el dinero, sino invertirlo muy bien, pero además, debemos ser muy estratégicos. Esta estrategia es muy sencilla, pero muy eficaz. La primera premisa es esta: no quieras conquistar un cliente que vive a dos horas de tu casa, es infructuoso. Debes ganar los clientes que están cerca de ti, y debes hacerlo en forma de espiral. Segunda premisa: todos deben saber a qué te dedicas. Muchas veces perdemos buenos clientes porque no saben qué es lo que ofrecemos.

Debes empezar a ganar los que están **MUY** cerca de ti, los vecinos de tu calle. Todos, absolutamente **todos** tus vecinos deben conocer tu giro comercial. Ya que toda tu calle sabe a qué te dedicas, entonces pasa a toda la cuadra. Después, añade más calles, hasta que **toda tu colonia** sepa que tienes un negocio con un determinado giro. Enseguida, abarca las siguientes colonias, hasta alcanzar todas las que delimitaste en tu mapa de acción.

Si observaras este modelo desde lo alto, te darías cuenta que se forma un alcance tipo **espiral**, en la cual empiezas en un pequeño punto y esta crece, hasta alcanzar tus objetivos. Te recomiendo esta estrategia, porque empiezas conquistando la zona cerca de ti, reduces costos de alcance y tus clientes potenciales están cerca de tu negocio, lo que les facilita el comprarte.

Una ventaja de este sistema es la fuerza que vas tomando día a día. Al principio parece lento pero, una vez que te encarreras, va tomando mucha fuerza, el impulso que se genera difícilmente lo frenas, porque la primera fase te da el tiempo para ir perfeccionando tu producto o tu servicio, te da chance de ir corrigiendo las cosas que hiciste mal.

La otra parte de la espiral se encuentra por el lado de **familiares – amigos.** Muchas veces, pero muchas veces, se da el caso de que la familia y los amigos cercanos **no saben a qué te dedicas.** Este tipo de espiral de conquista debe empezar por dar a conocer a la familia y a los amigos el giro de tu negocio y principales características. Es recomendable hacer un *opening* solo para familiares y amigos.

Enfoca todas tus fuerzas en conquistar primero tu zona más cercana. Sé el mejor de esa zona, que no haya nadie que logre superarte en el área. Busca ser el número 1 de tu territorio, pero empieza por los más cercanos.

Una vez que ya abarcaste tu zona vecinal, es tiempo de dar el siguiente paso, ir por las cuatro colonias pegadas a la tuya. Mencioné cuatro, pero pueden ser cinco, seis o tres, depende de cómo esté geográficamente ubicada tu colonia.

DEFINE TU COMPETENCIA

Un día, al ir manejando por las calles de la ciudad de Puebla, vi la camioneta de una empacadora de carnes famosa en la ciudad, pero no tenía publicidad profesional. Era evidente, ya que se podía ver la mala planeación estratégica de su anuncio. Entonces, les 'eché' una llamada para ofrecer mis servicios. Y empezamos a trabajar. Nos llevó un año uniformar todos sus materiales, inmediatamente, se empezó a notar en las ventas, pero también (y esto es clásico) en los proveedores pues, al ser más notorios en los medios de comunicación masiva, muchos de ellos aprovechan para tratar de venderles sus servicios o productos.

Una estrategia que usamos fue la de hacer famosa a su mascota, la cual usamos en todos los materiales. La verdad es que fue un caso de éxito, pasó de ser una empacadora que vivía de sus éxitos pasados, a posicionarse de nueva cuenta en la mente de los consumidores. Sin embargo, también llamó la atención de agencias de publicidad más grandes y sucedió lo que yo no tenía previsto. Visitaron a mi cliente *y me lo quitaron. Perdí la batalla, porque nunca definí mi competencia, trabajé sin tenerla en cuenta, me **agarraron** desprevenido y, en un dos por tres, la competencia me ganó.*

Creo que si hubiera definido mi competencia y hubiera tenido un plan, habría, por lo menos, dado batalla. Aprendí una gran lección, siempre debo tener presente a mi competencia y debo definirla para poder hacer un plan, en caso de que esta vaya contra mí, directamente.

DEFINE TU COMPETENCIA

Uno de los puntos un poco más difíciles de definir es a nuestra competencia. Somos muy superficiales para conocer quiénes son nuestros competidores, a veces, ni siquiera lo sabemos.

El primer paso es identificar quién es nuestra **verdadera** competencia. Voy a poner un ejemplo, vamos a suponer que te vas a dedicar a la comida rápida para empresas cercanas a tu domicilio y **crees** que tu competencia es McDonald's, que está al otro lado de la ciudad. Antes que nada, McDonald's ni sabe que existes, no consideraría mover un solo dedo para detenerte y, por si fuera poco, no está en tu zona. Entonces, McDonald's no es tu verdadera competencia.

Para que sea verdadera competencia, esta debe ser de tu mismo género, mismo rango de precios, mismo servicio y en tu misma zona. Si no es así, entonces es competencia **indirecta.** Puede que sea mucho más poderoso y grande que tú, pero los puntos mencionados sí son similares.

Es importante definir exactamente quién es tu **verdadera** competencia. Es la única manera de hacer una estrategia útil a la hora de la batalla. Cuando esta sepa que abriste tu negocio, da por hecho que va a reaccionar **con todo**. No va a permitir que le quites lo que ella considera que son sus clientes. Te va a mandar espías, va a evaluar tu servicio, tus precios, tu experiencia y, en función de su análisis, va a crear su propia estrategia para evitar perder clientes. Si un día la llegas a conocer y los dos se identifican, seguro te va a decir algo como: "Hay mercado para todos", **no le creas pero, sobre todo, no te confíes.** Por supuesto que hay mercado para todos, pero lo que estará en juego es quién se queda con la mejor rebanada.

Para hacer tu estrategia efectiva, debes conocer lo mismo que ella quiere conocer de ti. Es un "tú a tú", debes medirla y pesarla, así como hacer un análisis que te sirva para tomar buenas decisiones. No lo olvides, a veces más que mercado, es un campo de batalla.

COMPETENCIA INDIRECTA

Ahora bien, también debes conocer quién es tu competencia **indirecta,** la cual se puede definir como todos aquellos productos o servicios que satisfacen a tus clientes con un producto o servicio diferente al tuyo. Por ejemplo, si vendes refrescos, tu competencia indirecta serían aguas, tal vez jugos y hasta fruta.

La competencia indirecta es tan importante como la competencia directa, solo que hay que combatirla de manera diferente. A la competencia directa se le hace frente, primero con la marca y después con producto, a la indirecta primero con producto y después la marca. En tus batallas contra tu competencia directa, tienes que sobresalir con la personalidad de tu marca, debe hacer diferentes los productos similares al tuyo, pero con la competencia indirecta, tienes que enfatizar más el producto que la marca.

COMPETENCIA EN TU ZONA DE GUERRA

Es vital que la definición de tu competencia quede limitada solo a tu zona de guerra. Es pérdida de tiempo poner como competencia a negocios que se encuentran al otro lado de la ciudad. La competencia que te puede quitar clientes es aquella que está en tu zona de guerra, esa es la que importa. Como ya hiciste el ejercicio de delimitar en un mapa tu zona de guerra, ahora es fácil poder hacer un plan para conocer a tu competencia **dentro** de esta.

En esa zona, identifica a tu competencia directa e indirecta. Yo te recomiendo que vayas y visites el negocio personalmente y que cheques de primera mano todo su negocio, logotipo, colores, servicio, precio, calidad, etcétera. Inclusive, si puedes, conoce a los dueños, en ocasiones, conocerlos nos inspira. Pero algo que debes estudiar a fondo es la publicidad de tus competidores. Trata de investigar estos puntos:

- Qué tipo de publicidad utilizan.
- Con qué frecuencia.
- En qué medios.
- Cuánto le invierten a su publicidad.
- Si usan redes sociales.
- Cómo usan las redes sociales.
- Si tienen anuncio exterior fuera de su negocio.
- Si usan uniformes.
- Si su imagen corporativa es consistente en su publicidad.
- A quién dirigen su publicidad.
- Si ponen precios en su publicidad.
- Si hacen promociones y descuentos.
- Si su publicidad la empatan con las fechas importantes (14 de febrero, Navidad, Semana Santa, etc.).

DIFERENCIAS CON TU COMPETENCIA

Por último, encuentra las cosas que te hacen diferente de tu competencia directa. Localiza aquellos puntos en los que hay diferencias, por pequeñas que sean, porque esos puntos serán importantes para destacar en tu publicidad. Tus clientes potenciales deben saber la razón por la cual te compran a ti y no a tu competencia y, casi el cien por ciento de las veces, es por una diferencia con tu competencia.

Te recomiendo que hagas una lista de todo aquello que tienes exactamente igual a tu competencia directa y a un lado hagas otra lista de lo que tienes diferente o puedes hacer diferente.

TODOS DEBEN SABER A QUÉ TE DEDICAS

*Tuve un cliente que se dedica a la fisioterapia, su clínica estaba en una calle escondida. Cuando los conocí, tenían una cartulina pegada en su portón, la cual tenía el nombre de su negocio y un listado de servicios. En lo primero que trabajamos fue en su imagen, logotipo y diseño interior, para lograr que los pacientes sintieran que están **dentro** de la clínica. Por supuesto, también trabajamos en un pequeño anuncio exterior en la marquesina de su azotea.*

*Posteriormente, les sugerí que debían darse a conocer primero en su zona, pues todos debían saber a qué se dedican, sus familiares, amigos, vecinos, proveedores, etc., es muy común que **creamos** que todos saben a lo que nos dedicamos, pero la verdad es que no es así. Debemos hacer una pequeña estrategia para comunicarles a todos con los que nos relacionamos cuál es nuestra actividad.*

*Además, hicimos un pequeño plan para poner un espectacular cerca de su negocio con algunos señalamientos hacia la clínica, así como volantear **solo** a los vecinos, para asegurar-*

nos de que todos ellos supieran que tienen cerca una clínica de fisioterapia.

Este siempre es un primer paso, te recomiendo que hagas lo mismo. Que no des por hecho que todos saben a lo que te dedicas y que empieces por todos **tus cercanos.**

A estas horas del partido, ya debes tener bien definido tu negocio. Y aquí empieza una de las razones por las cuales debes tenerlo bien definido, porque vamos a entrar en la etapa de dar a conocer tu negocio.

El título de este capítulo debe ser tu bandera de aquí en adelante, *Todos deben saber a qué te dedicas.* Y si vas a usar la estrategia que planteamos en el capítulo anterior, de empezar primero por tu zona más cercana, debes hacerte el hábito de decirles a todos qué negocio tienes. A tus familiares cercanos y lejanos, a tus vecinos, a tus amigos, debes empezar por todos ellos; muchas veces, algunos familiares o amigos nuestros no saben a qué nos dedicamos y hasta nos enojamos cuando alguno de ellos compra en otro lado, pero seguro lo hacen simplemente porque no sabían a lo que tú te dedicas.

Esta frase debe convertirse en tu pauta para esta etapa, repito: **todos deben saber a qué te dedicas.** Todo lo que hagas que vaya en función de que la gente que te conoce sepa qué es lo que haces, que sepa qué es lo que vendes. En tus redes sociales, en tu publicidad, en tus promociones, en tus uniformes, en tu papelería membretada, en tu transporte, en tu fachada, todo debe alinearse a que todos sepan a qué te dedicas, esa es tu pauta.

LAS FAMOSAS P'S DE MERCADOTECNIA

Hace algunos años, expertos en mercadotecnia introdujeron el concepto, muy válido, de las cuatro P's de la mercadotecnia. Estos conceptos nos ayudan a realizar mejor y más efectivo nuestro trabajo de *marketing*. Vamos a repasar cada una de ellas brevemente.

Producto
Precio
Plaza
Promoción

Producto

El producto es la parte motriz que mueve todo nuestro marketing. Producto se puede definir como todo lo que se puede ofrecer en venta o renta o cualquier transacción comercial. Sea lo que sea que se puede ofrecer en un mercado, es un producto.

Un producto no necesariamente tiene que ser un elemento tangible, un producto puede ser algo que se vende sin ser un producto físico. Por eso, es necesario que, además de definir tu modelo de negocio, que hiciste al principio, definas exactamente el producto que vendes. Ya sea que tú lo produzcas o que lo comercialices.

Para facilitar esta definición puedes contestar las siguientes preguntas:
- ¿Cuáles son las características de mi producto?
- ¿Cuáles son los beneficios de mi producto?
- ¿Cuáles son las diferencias de mi producto con la competencia?
- ¿Qué rasgos de personalidad tiene mi producto?
- ¿Cuál es el valor principal de mi producto y cuál es su valor agregado?
- ¿Qué necesidad satisface mi producto?

Esta definición, si bien la tienes que trabajar en papel, la debes memorizar perfectamente.

Precio

Si ya tienes un producto definido que puedes ofrecer en un mercado, lo siguiente es buscar la cantidad de dinero que tus clientes deben pagar por él. No es nada fácil y no hay fórmulas. Hay criterios, pero no fórmulas. Puedes apoyarte de algunas sugerencias, como:
- ¿Cuánto valor (no precio) le pone el cliente a tu producto?
- ¿Hay precios "estandarizados" con productos similares al tuyo?
- ¿Será una ventaja competitiva bajar el precio... o lo será subiéndolo?

Debes conocer los costos de una manera estricta para que tu decisión sobre el precio siempre esté basada en ellos. En muchas ocasiones, se quiere entrar al mercado con precios bajos, pero el costo de producción simplemente no lo permite, ni en volumen.

Plaza

Este punto se refiere al lugar físico donde será distribuido tu producto y todo lo relacionado con eso. De hecho, es todo un proceso con sistemas personalizados para cada producto.

Esta parte incluye sistemas de distribución, es decir, cómo vas a hacer llegar tu producto al cliente, o bien, si eres punto de venta al menudeo, con contacto directo con el cliente final. Los puntos que debes tener en cuenta son:

- Delimitar tu zona de acción (ya lo mencionamos anteriormente).
- Definir si vas a tener envíos de tu producto a domicilio.
- Definir si vas a necesitar transporte.
- Definir si vas a necesitar almacenamiento.
- Definir si vas a requerir gente de ventas.
- Definir si vas a necesitar un sistema de ventas, cobranza y envío.

Promoción

En esta parte se resuelven todos los retos de comunicación para dar a conocer tu producto. Desde medios de comunicación, sean cuales sean, tradicionales o digitales o los que surjan con la tecnología, hasta técnicas de comunicación y, por supuesto, incluye las promociones que puedes manejar para ofertar tus productos.

El principal ingrediente de la promoción es la creatividad, no hay límites para crear tus estrategias de oferta. La planeación es clave en este rubro, porque se abre una infinita gama de posibilidades y debes acertar en cuál es la que le conviene a tu producto.

Los puntos que debes tomar en cuenta son:
- ¿Necesita tu producto publicidad tradicional?
- ¿Necesita tu producto medios tradicionales?
- ¿Necesita tu producto publicidad digital?
- ¿Necesita tu producto medios digitales?
- ¿Quién es tu mercado objetivo? (sexo, edad, nivel socioeconómico, necesidades, hábitos).

La quinta P

Personas, la quinta P tiene que ver con personas. Si bien, algunas corrientes conservadoras del *marketing* no la incluyen, a mi parecer, es un punto que sí influye en el comportamiento de nuestro producto con el mercado. Por lo que yo creo firmemente que son cinco P's.

Debemos tener la vista en tres enfoques:

1. Personas **dentro** de nuestro negocio. Son todos aquellos que colaboran con nosotros en nuestras instalaciones.

2. Personas **fuera** de nuestro negocio, pero que sus aportaciones van dirigidas al cliente. Son los proveedores.

3. Personas **dentro/fuera** de nuestro negocio. Son los clientes activos y clientes potenciales, y son personas.

En los tres casos, debemos tomar en cuenta nuestro trato hacia ellos, porque relaciones duraderas crean la plataforma de mejores clientes. La honestidad, el compromiso, el respeto a la palabra, la tolerancia, y muchos conceptos más, son factores clave para mejorar nuestro negocio.

La mezcla

Ahora bien, lo interesante de todo esto es que nuestra estrategia global de *marketing* es una mezcla de estos cinco puntos. La habilidad que tengas para mezclarlos será la clave de tu avance en el mercado. Por eso, la mercadotecnia abarca todos los departamentos o áreas de un negocio. No es nada separado, todo lo relacionado con tu producto repercute directamente en el comportamiento del mismo en el mercado.

Tu liderazgo será fortalecido si tienes estas cinco P's siempre en tu radar.

LA IMPORTANCIA DE UN PLAN

Hacer un plan de *marketing* es una gran ventaja a tu favor cuando lo haces, y una gran desventaja para ti cuando **no** lo haces. Por un lado, un plan te ayuda a invertir tus recursos en aquello que tienes enfocado. Cuando no tienes un plan, gastas el presupuesto en lo primero que te ofrezcan, si llegan los del radio, te emociona y les compras, si llegan los de publicidad exterior, les compras, si llegan los de volanteo, cierras contrato, y así sucesivamente. En cambio, cuando tienes un plan, contratas exactamente lo que tienes considerado.

Por otro lado, cuando tienes un plan, puedes medir si alcanzaste tus metas anuales. Un buen consejo es llevar el registro de tus ventas, después puedes agregar otras estadísticas importantes pero, para empezar, llevar ese registro te ayudará a evaluar tu rendimiento. Debes registrar tus ventas diarias, tus ventas semanales y tus ventas mensuales. De esta manera, puedes comparar el mes en curso con el mismo, pero del año anterior, y lo puedes hacer con cada mes.

Estos datos te permitirán ver avances o retrocesos por mes, pero también te ayudarán a revisar tus mejores temporadas, más allá de las obvias. Tal vez, después de la temporada del fin de año, tu segunda mejor temporada sea el regreso a clases, o el día de la madre, o alguna otra inesperada. Eso lo puedes empezar a corroborar objetivamente con números, con el paso del tiempo. Al conocer tu temporalidad, puedes hacer estrategias en función de tus mejores y peores meses, eso te ayudará a tomar mejores decisiones para mejorar el dónde y cuándo invertir en publicidad, porque lo harás sobre una realidad.

Otro tipo de estadística que te resultará muy útil es aquella que te muestra qué producto o servicio se vende más en tu negocio y cuándo se vende más. Una vez que sepas cuál es tu producto estrella, también te ayudará a tomar mejores decisiones; a veces le estás invirtiendo dinero a un producto malo, por querer promoverlo a la fuerza, es mejor invertir en tu producto estrella. Los números son los números y, en una estadística de este tipo, te permiten conocer en realidad cuál es tu producto estrella.

Tu plan de *marketing* anual puede ser algo sencillo, tal vez se escuche muy complicado, pero lo puedes hacer algo simple. Como ya tienes definido tu producto, tu mercado, tu precio y todo lo que hemos estudiado al principio, hacer un plan de *marketing* será mucho más fácil. Debe contener los siguientes puntos importantes:

1. Un objetivo claro y conciso.
2. Un plan de cómo lograr tu objetivo. Que todo sea medible.
3. Una oferta irresistible. No hablo de promociones, sino que lo que ofrezcas sea antojable para el público.
4. Debe ser sistemático y continuo.
5. Debe ser totalmente intencional y controlado.
6. Tus estrategias a corto plazo deben estar ligadas a las de largo plazo.

Tu plan de *marketing* anual puede ser redactado en una sola cuartilla, no necesitas más. Lo que necesitas es un documento que te marque la pauta de tus decisiones, por eso, no debes archivar este plan de *marketing,* debes tenerlo en un lugar de fácil acceso y, sobre todo, de fácil lectura, es tu recordatorio en el día a día.

Realmente se trata de enfocar **todos** nuestros esfuerzos en nuestros objetivos, que todo sea coherente y esté ligado a lo que queremos lograr. Todo debe ir en una sola dirección. Tu fuerza será determinada por tu capacidad de concentrar todas tus acciones hacia una sola meta, en esa medida, empezarás a notar resultados en tu negocio. Evita a toda costa divagar, evita las ambigüedades y evita todo aquello que no aporta nada al logro de tus objetivos.

DEFINICIÓN DE PUBLICIDAD

Para tener una buena idea de lo que es la publicidad, vamos a leer estas definiciones y concluiré con una definición que nos sirva para el propósito de este libro.

Publicidad:

1. Cualidad de lo que es público.
2. Difusión o divulgación de información, ideas u opiniones de carácter político, religioso, comercial, etc., con la intención de que alguien actúe de una determinada manera, piense según unas ideas o adquiera un determinado producto.

3. Circunstancia de ser una cosa pública, conocida por todos o casi todos.
4. Conjunto de medios empleados para divulgar una noticia.
5. Divulgación de anuncios comerciales para atraer a posibles clientes o espectadores.

Considero que todas estas definiciones son ciertas, pero la que más me gusta es la tercera: "Circunstancia de ser una cosa pública, conocida por todos o casi todos". A esta definición tal vez le agregaría la palabra *intencional* después de "circunstancia", pero el sentido de ser conocido por todos es lo que, creo, encaja muy bien con lo que deberíamos buscar.

El negocio callejero siempre va a funcionar cuando el cliente potencial sepa quién eres, qué vendes y dónde te encuentras. Muy difícilmente te va a comprar la primera vez que te vea en la calle, te va a comprar cuando sepa qué vendes y sepa dónde está tu negocio. Para eso es precisamente la publicidad, por eso titulé este capítulo: "Todos deben saber a qué te dedicas". Esa es la publicidad, lograr que todos (o casi todos) sepan a qué te dedicas.

La publicidad en el *marketing* callejero son **todos** aquellos mecanismos que logran que todos sepan qué vendes y dónde te encuentras. Entonces, pondremos atención en dichos mecanismos. Lo que se te ocurra, exista o no, pero que genere la exposición de tu negocio a la gente. Recuerda que los dos ingredientes son: 1) lo que vendes y 2) la ubicación de tu negocio, todo lo que hagas debe pronunciar esos dos conceptos.

Ahora, teniendo estos en mente, debes enfocarte en cómo lo vas a hacer. Allí se desprende todo un proceso muy complejo, sin embargo, en las siguientes páginas se mostrarán algunos puntos que considero vitales para una buena publicidad.

BRECHA ENTRE PUBLICIDADES

La publicidad, como cualquier otro giro, ha sufrido cambios substanciales a lo largo de los años. Hoy, se le conoce como Publicidad Tradicional o Convencional *versus* Publicidad Digital, y pienso que hay que estudiar sus conceptos más básicos para que puedas tomar decisiones acertadas.

La publicidad tradicional es aquella en la cual, **principalmente,** el mensaje es unilateral, donde la comunicación es solo por parte del producto o servicio. Muy pocas veces, hay una interacción. Es una propuesta de comunicación de una sola vía, por supuesto que la única respuesta (y muy importante) es la venta. Cuando el receptor en esa comunicación se convierte en cliente, es cuando se cierra el círculo de comunicación.

Se perfeccionó de una manera extraordinaria, a base de investigación profesional, las compañías lograron conocer perfectamente sus mercados, a sus clientes y a sus clientes potenciales. Se hicieron expertos en mandar mensajes dirigidos, muy atinadamente, a un segmento, logrando grandes hazañas. La respuesta del consumidor era la compra, esa era su única forma de interactuar con los mensajes publicitarios.

La publicidad tradicional usó los medios de comunicación masiva, como la televisión, la radio, la prensa, los espectaculares, y algunos otros. Su principio fue conocer su mercado meta, estudiarlo meticulosamente y hablarle de tal manera que respondiera comprando.

Ahora bien, la publicidad de medios digitales puede ser igualmente masiva, pero con un ingrediente importante que la hace diferente a la publicidad tradicional, la comunicación bilateral, es decir, de dos vías.

Las compañías ahora deben tener experiencia "hablando" con sus clientes y sus clientes potenciales, porque una persona que ve un mensaje puede contestar e interactuar con la compañía. Es por esa razón que el *marketing* ha evolucionado, las técnicas que se usan en la publicidad tradicional ya no funcionan en la web. El *marketing* ha sufrido una metamorfosis necesaria para poder acceder a los mercados de otra manera, esta vez interactuando con sus clientes.

Parece un sueño dorado pero, en la realidad, se puede convertir en una verdadera pesadilla, debido a que el usuario de internet, aprovechando un poco el anonimato, se puede convertir en una persona muy agresiva y honesta.

Esto ha hecho crecer a las empresas tanto en la mejora de su producto como en la habilidad de tratar con situaciones "virales".

Puede haber muchas diferencias entre ambas publicidades, pero la principal es esa. No obstante, con el paso de los años, nos damos cuenta que ambos caminos tienen sus pros y sus contras. No es que una sea mala y la otra buena o que una no funcione y la otra sí, ambas funcionan, lo único que debemos hacer es evaluar cuándo vamos a usar publicidad convencional y cuándo vamos a usar publicidad digital. ¿Cómo podemos aprovechar estas dos diferencias en el *marketing* callejero? Teniendo bien claro que ambas funcionan, que ambos tipos de publicidad tienen sus formas y que, usándolas bien, te pueden dar beneficios.

Hemos hablado a profundidad de lo que necesitas hacer para sacarle máximo provecho a la publicidad convencional. Por el lado de la publicidad digital, el consejo que te doy es que fortalezcas tu capacidad de comunicación con tus seguidores, para mantener una relación estable con ellos.

Consejos muy prácticos en cuanto a la comunicación en redes sociales con tus seguidores:

- Nunca entres en conflicto. No te pongas a pelear en los *chats,* mucho menos hagas ataques personales.
- Sé honesto, busca frases en las cuales puedas dar la impresión de que te interesa el comentario de tus seguidores, para mejorar su experiencia con el producto.

- Si un comentario es venenoso, solo con la intención de dañar, puedes hacer un intento por dirigirlo hacia la mejora del producto, por ejemplo, pidiendo específicamente la falla del producto o servicio para que pueda ser evaluado y buscar una solución lo más pronto posible. Si la persona insiste en insultar, repite la pregunta y ya no respondas.
- Aún en una crítica, agradece el tiempo que se toman por escribir y, si no tienes una solución de momento, puedes mencionar que el comentario será evaluado.

Tus seguidores deben percibir que eres una empresa que lee los comentarios de sus clientes, que procura evaluar sus sugerencias y que, en caso de que procedan, está dispuesta a hacer mejoras en su producto o servicio.

Ya que estamos tocando el tema de la percepción, veámoslo a fondo, ya que tiene repercusiones importantes en nuestros negocios.

LA IMPORTANCIA DE LA PERCEPCIÓN

Los publicistas tenemos una frase que mueve todo lo que hacemos: **"Percepción es realidad".** Lo que percibimos se convierte en realidad. Voy a poner un ejemplo muy sencillo, pero que traduce perfectamente lo que estoy diciendo.

Vamos a imaginarnos dos escenarios. Para poder enfatizarlo mejor, vamos a usar dos negocios del mismo giro, dos zapaterías. Ambas muy completas, en las dos se venden zapatos y accesorios, así como una sección de reparación de calzado. Uno de estos negocios tiene su local muy descuidado y sucio, pero el dueño es muy bueno con el *marketing* y le invierte dinero. El segundo negocio tiene su local impecable, limpio y ordenado, con sistemas muy bien cuidados para que el cliente quede 100% satisfecho, más allá del producto. También es muy bueno en *marketing,* pero prefiere ahorrar dinero.

La zapatería sucia y desordenada se llama **zapatería Sensaciones** y su eslogan es: "Placer para tus pies". La zapatería ordenada y limpia se llama **MARPE** y su eslogan es: "Lo mejor a su servicio". El primer nombre tiene intención, está pensado para que, a la primera mención, comunique lo que el negocio es, el segundo nombre es totalmente genérico, a cualquier negocio le quedaría el nombre y el eslogan.

Muchos microempresarios dan por hecho que la gente conoce a qué se dedican y eso es empezar con un gran error. A nuestro consumidor potencial debemos decirle qué vendemos desde nuestro nombre.

Ahora bien, llega el momento de promocionar su negocio y ambos deciden hacer un folleto. Por una parte, la zapatería Sensaciones (la zapatería sucia y desordenada) decide contratar un despacho creativo, mientras que MARPE (la zapatería ordenada y limpia) decide ir directamente a la imprenta. El folleto de la zapatería Sensaciones queda muy bien terminado, con un diseño práctico, buenas fotos y con la **intención** de generar una percepción del negocio como uno pujante y bien establecido. Cuando ves el folleto, **percibes** que es un negocio establecido, sólido y bien constituido.

Por otra parte, el folleto de la zapatería MARPE, creado en una imprenta, es un folleto informativo, sin ninguna dirección ni estrategia. Muestra fotos de la zapatería por fuera y de algunos estantes.

Ambos folletos generan percepciones. Esas percepciones, en muchos de los casos, son la única información que tiene el cliente potencial del negocio. Mucha gente **NO** conoce el negocio y su única referencia de nosotros es lo que tiene en sus manos.

El folleto, si está bien hecho, puede transmitir la percepción de un negocio bien establecido y sólido, que genera ganas de comprar. Esta percepción es creada al 100%, tenemos la capacidad de crear percepciones, por eso, cada folleto o material publicitario debe ser cuidadosamente creado. Pero debe crear la percepción correcta de nuestro negocio. La percepción vende o mata, por lo tanto, es muy importante evaluar nuestros materiales publicitarios, preguntándonos qué percepción genera nuestra publicidad.

Puede ser que el cliente potencial se desanime cuando llegue a la zapatería Sensaciones, porque no es lo que vio en el folleto, y puede ser que a la zapatería MARPE ni siquiera la visiten, por la mala percepción que genera su publicidad. Debido a esto, es importante proyectar una percepción acorde a lo que tu negocio es. Recuerda, percepción es realidad.

IMPACTO, FRECUENCIA Y CONSISTENCIA

Esta fórmula es clave, debe estar presente en toda tu publicidad. **Impacto** es el nivel de interés que se genera al instante en nuestro consumidor potencial, **Frecuencia** es qué tantas veces este lo ve y **Consistencia** hace referencia a mantener un mismo concepto creativo en todos los materiales usados, impresos, digitales, anuncios exteriores, radio, TV y demás.

En el Impacto, cabe lo que mencionamos en el punto anterior, acerca de la percepción. Nuestra publicidad debe captar la atención en los primeros dos o tres segundos, para hacerlo permanecer en nuestro anuncio. También debe generar la percepción correcta, llevando al consumidor potencial al deseo de compra.

En la Frecuencia, debemos buscar un término preciso para bombardear con este el número de veces necesario al cliente potencial y que él pueda captarlo en algún momento de su día, debemos repetirlo constantemente para que quede grabado en su mente. Sin embargo, hay que cuidar que nuestros anuncios no sean sobreexpuestos, porque nuestro cliente potencial puede perder el interés por un hostigamiento de nuestra marca.

Y la Consistencia es un elemento substancial de vital importancia, pero muy olvidado en el *marketing* callejero.

Todos los materiales publicitarios que uses deben tener el mismo concepto creativo y los mismos elementos visuales, así como el mismo tono del texto. Es muy común que los comercios pequeños tengan un concepto visual en sus volantes, otro en sus folletos, otro concepto totalmente diferente en la web, uno más en el periódico y otro muy diferente en las redes sociales. Esto hace que parezcan, a primera vista, negocios distintos.

Es de suma importancia que mantengas consistencia en el mensaje y que manejes un solo concepto creativo en todos tus materiales. El desarrollo de cada material será diferente, pero el concepto creativo será el mismo. Esto se refiere a que el material que publiques en Facebook tenga diferente **formato** al que uses en tus folletos, pero ambos guarden el mismo concepto creativo, cuidando materiales, colores y textos.

PUBLICIDAD PRO

Los costos de la publicidad profesional son muy caros, con "profesional" me refiero a cuando una agencia o un publicista maneja y administra la publicidad. A veces, uno se quiere ahorrar el costo de una agencia, visitando directamente a los medios de comunicación y, efectivamente, uno se lo puede ahorrar, no obstante, el problema está en el manejo y administración de esos medios.

Es preferible pagar a una agencia, pero lo que quiero comentar es que en el *marketing* callejero, donde los negocios son pequeños y no tienen presupuesto para contratar una agencia, si es muy recomendable que se apliquen principios universales (contenidos en este libro, y en otros, por supuesto) en su publicidad. No dejes que otros manejen tu publicidad, no dejes que la imprenta haga sus propios diseños para tu negocio, ni que la radio haga su propio concepto creativo. Toma las riendas, aplica lo que has aprendido en este libro y lo notarás en los resultados.

Un consejo que sí te doy es que busques la publicidad compartida, es aquella en la que te alías con uno de tus proveedores grandes, una marca establecida para que te provea de cierta publicidad. Por lo general, estas compañías tienen un presupuesto para apoyar a sus puntos de venta. Pueden pintar tu fachada, te pueden dar aportaciones económicas para tus volantes y folletos, te pueden mandar edecanes con animadores para tu aniversario o para una fecha especial. La ventaja de la publicidad compartida es que estas grandes marcas, comúnmente, tienen toda una investigación y estrategia de mercados. Y te puedes enganchar a ellos, siempre cuidando que tu imagen corporativa no sea absorta por este tipo de publicidad.

VOLANTES

Quiero tocar el tema de los volantes. Se trata de un recurso, muchas veces, mal utilizado y, muchas otras, sobre valorado. Lo primero que debes considerar es que se espera una respuesta del 0.5% al 1% (de respuesta, no de compra).

Con ese porcentaje en mente, ya puedes hacer el cálculo de cuántos volantes tienes que repartir.

El volante funciona muy bien para tu zona cercana. Un consejo que te puede servir es que tu primera ronda de volantes la hagas con tus vecinos, de tu negocio, a un alcance de diez cuadras a la redonda. Sucede que, seguido, los vecinos no saben que hay un negocio como el tuyo. Esta debería ser una primera meta la cual, por cierto, ya hemos discutido en capítulos anteriores. Aquí, el volante es una herramienta muy efectiva, porque logra el cometido de informar a tus vecinos que tienen cerca un negocio como el tuyo. La idea es tratar de convertir a tus vecinos en clientes. Parece absurdo, pero es muy común que lo vecinos no sepan de los negocios que tienen cerca.

Ventajas de los volantes: son económicos y funcionan muy bien para vecinos.

Desventajas: si no atrapan la atención de la gente en los primeros tres segundos, los tiran, casi nadie guarda un volante.

La repartición, en muchas ocasiones, se convierte en una desventaja, una cosa es imprimirlos y otra es repartirlos y, aunque parece fácil, a veces se complica. De hecho, mi consejo es que no imprimas los volantes hasta que hayas solucionado cómo los vas a repartir.

El volante debe ser lo menos ambiguo posible, entre más conciso y preciso sea, mejor. Te recomiendo que tu volante lleve esta información, por muy obvia que parezca:

- Domicilio exacto y con referencias.
- Datos de contacto, teléfono y *mail*, en grande y claros.
- Nombre del producto.
- Foto del producto.
- Descripción de los beneficios del producto (muy breve).
- Precio y, si es una oferta, debes poner hasta qué fecha es válida.
- Si es un servicio, también debes ser muy específico y debes anunciar uno en particular.
- Procura destacar un producto y servicio, los demás deben ser de un tamaño menor.
- Coloca de buen tamaño el nombre de tu negocio.
- No dudes en usar una frase de cierre, como: "Ahora", "Cerca", "Rápido"; debe ser una frase que llame a la acción.

Evita a toda costa volantes que solo digan: "El mejor servicio", "Todo en herramientas", "Un nuevo concepto en servicio"; y frases como esas, que no dicen absolutamente nada.

ANUNCIO EXTERIOR LOCAL

Desde mi experiencia, el anuncio exterior de tu negocio es de lo más importante, a eso sí debes invertirle. Es el punto de comunicación con todas las personas, incluyendo tus clientes potenciales. Aquí te dejo algunas recomendaciones:

1. Debes lograr que tu anuncio exterior sobresalga de todo el paisaje, tal vez por el color o la forma, pero debe destacar.

2. Debes lograr que tu anuncio exterior sea una referencia. Seguro te acuerdas de algunos negocios a los cuales uno hace punto de referencia, por ejemplo: "Das vuelta en la esquina, donde está una botella gigante", o bien: "Enfrente de la talachería que tiene una llanta de tractor mordiendo la calle". Debes buscar ser ese punto de referencia.

3. Por supuesto, tu anuncio exterior debe guardar tu imagen corporativa.

4. Intenta que pueda leerse y verse el logotipo, nombre y eslogan desde cualquier punto. Que lo vean los que vienen, los que van y los de la acera de enfrente.

5. Tu anuncio exterior no debe estar más allá de cuatro metros de distancia de tu negocio. NO pongas tu anuncio en la esquina y que esta quede a veinte metros. No te servirá de nada, tu anuncio exterior debe señalar: "El negocio está justo aquí".

Yo te recomiendo que sí inviertas en tu anuncio exterior. Si solo tienes una cierta cantidad de dinero y debes decidir si anuncio exterior u otros medios, no lo dudes, invierte primero en tu anuncio exterior.

VISITAS PERSONALES

Las visitas de ventas personales son un sistema que funciona muy bien en el *marketing* callejero. Como ya lo especificamos en un capítulo anterior, todos deben saber a qué te dedicas y todos tus vecinos deben saber que tu negocio está en la colonia.

Lo primero que debes hacer es abrir alguna aplicación de mapas, como Google Maps, y localizar tu negocio. Amplíalo de tal manera que puedas ver claramente tu colonia e imprímelo. Una vez impreso, delimita tu colonia, establece con un marcador cuál es la zona que abarcarán tus visitas.

Ahora bien, en Google Maps puedes empezar la búsqueda de aquellos negocios que te interesa visitar. Por ejemplo, supongamos que tienes un negocio que renta sillas y mesas para fiestas. Entonces, tu primer plan de visitas es con salones de fiestas, en Google Maps buscas todos los que se encuentran dentro de tu demarcación. Enseguida, puedes empezar las visitas personales donde no buscas una venta inmediata, tu objetivo con estas visitas es lograr que los salones de fiestas **sepan** que tienen una arrendadora de mesas y sillas en su misma colonia. Estas visitas tienen el propósito de hacer conexiones, de crear una relación entre tu negocio y los negocios que puedan ser tus clientes.

Para este tipo de visitas, lo que debes llevar son tarjetas de presentación con alto sentido de ventas. Estas tarjetas deben decir, de manera concisa, de qué es tu negocio y debe estar muy clara toda la información de contacto. También te recomiendo que tengas una libreta donde lleves un registro de todas tus visitas y, si se puede, recolecta tarjetas de presentación de los lugares que visitaste.

FESTEJOS O PRETEXTOS

Cada fecha importante es una oportunidad, o pretexto, en su sana definición, para promocionar tu negocio. Te recomiendo que celebres tu aniversario, que cada año hagas una fiesta y que todos tus clientes potenciales lo sepan.

El día de la madre, del padre, fiestas patrias y puentes son magníficos para promocionar tu negocio. No necesitas invertirle mucho, simplemente haz algo donde estés presente y vivo en medio de tu comunidad. Sin embargo, en tu aniversario sí deberías "tirar la casa por la ventana", como decimos en México. Tal vez descuentos, tal vez pequeños regalos corporativos, tal vez alguna hora específica en la que regales bocadillos y refresco o café durante toda tu celebración.

EMPAQUETA LO QUE HAGAS

Este tal vez sea uno de los mejores consejos de este libro, es algo sencillo, pero poderoso. **Empaqueta** todo lo que vendas.

Cuando uno compra algo, lo que sea, está dejando parte de su vida y de su trabajo, porque le ha costado obtener su dinero. Entonces, darle la impresión de que está invirtiendo en un satisfactor es bastante importante. Esa sensación se complementa fuertemente con un buen empaque. La emoción de abrir algo nuevo es muy valorada por la gente, puede ser que tu producto sea muy bueno, pero siempre puedes aumentar esa sensación con un buen satisfactor, como lo es un buen empaque.

El empaque ayuda a transmitir lo bueno que es tu producto o servicio. Y aquí está lo importante, tal vez no eres el creador y/o productor del material que vendes, aun así, puedes empaquetarlo. Vas a necesitar creatividad, dedicarle cierto tiempo a pensar cómo empaquetarás tu producto o servicio. Te voy a poner dos ejemplos.

Ejemplo 1. Producto

Vamos a suponer que eres distribuidor de amortiguadores de varias marcas, es tu especialización. Cuando llega un cliente y te compra, le entregas tus amortiguadores ya instalados, el cliente casi nunca ve ni siente todo el proceso de abrir los amortiguadores, solo te da el anticipo y firma la hoja de entrada al taller.

Lo que puedes hacer, una vez que el cliente ya eligió los amortiguadores, es darle la caja y dejar que él los abra, entonces... aquí viene tu empaquetado... le entregas una tarjeta media carta con el logotipo impreso de los amortiguadores que está comprando y con el logotipo de tu negocio, con fecha y resaltando las mejores características del producto. De esta forma, el cliente percibe que está comprando algo importante, le dejas la **sensación** de adquirir un buen satisfactor.

Ejemplo 2. Servicio

Imaginemos que tu negocio es un restaurante. Estamos acostumbrados a llegar, pedir el menú, comer e irnos. Pero empaquetas tu servicio. Cuando al final se despide el comensal, le entregas una tarjeta súper bien diseñada, con tu logotipo y sitio web impresos y mostrando tu riguroso sistema de elección de carne; esto logra que el cliente esté completamente seguro que lo que comió está preparado con un alto sentido de cuidado. Ese cliente no solo se lleva un buen sabor de imagen, sino que se lleva la percepción de haber obtenido un muy buen satisfactor.

Se requiere mucha creatividad para lograr algo que transmita esa sensación de abrir algo nuevo, pero que su costo no altere tu precio en exceso. Este tipo de apreciación hace que tu negocio pueda conseguir lealtad.

PROMOCIONES Y DESCUENTOS

Este tema es tan amplio que puede ocupar todo un libro, sin embargo, intentemos analizar los puntos clave de las promociones y descuentos, ya que este libro pretende ser una guía rápida que funcione marcando la pauta para la buena toma de decisiones.

Las promociones funcionan cuando el cliente recibe algo verdaderamente tangible. El cliente no es tonto y no se deja llevar por los engaños. Es más, si se siente engañado, coloca al negocio en un lugar de su mente, catalogándolo como **poco confiable** o, en el peor de los casos, etiqueta al negocio como **engañador.** Ambas situaciones son muy peligrosas para una empresa, por lo que tu primer objetivo en las promociones debe ser que sean reales, que todo lo que ofrezcas no sea un timo, sino algo genuino. A veces, la gente ya no cree en los descuentos del 50%, mucho menos del 70%. En ocasiones, se interesa más en los descuentos del 10% o 15%, porque los considera reales. Si no quieres que *el tiro te salga por la culata,* ofrece promociones y descuentos reales.

El otro punto que debes considerar es que las promociones y descuentos acostumbran al consumidor. El cliente aprende rápido y si se da cuenta que cada determinado tiempo sacas promociones, entonces planea sus compras para las fechas donde las encuentra. A veces, las promociones pueden matar un negocio, porque entrenaron a sus clientes para esperar las ofertas y ya no pueden vivir si no están ofertando o promocionando algo.

Ahora, tal vez tú quieras esa estrategia de siempre ofrecer promociones, está bien y la experiencia te irá marcando la pauta sobre cómo atraer a los clientes. Recuerda esto siempre, si anuncias una promoción, la gente presta atención y puede visitarte, incluso puede comprarte, pero si al llegar al negocio y/o al pagar se siente defraudado, lo más seguro es que hayas perdido un cliente.

HAZ ENCUESTAS

En la medida de lo posible, haz encuestas con tus clientes, estos cuestionarios pueden llegar a darte información muy valiosa para tu negocio. Haz un cuestionario sencillo y que sea rápido, evita cuestionarios de 800 preguntas, que sean muy puntuales, de máximo siete. Divide tus cuestionarios en tres:

- Preguntas sobre el producto o servicio.
- Preguntas sobre la atención.
- Preguntas sobre el local, ubicación, higiene, etc.

Lo ideal es hacer la encuesta una vez que el cliente haya comprado el producto. A la gente no le gusta perder el tiempo haciendo encuestas, por lo que debes hacerlas de manera que le quite pocos minutos. Además, puedes regalar algo sencillo por haberla completado.

Este tipo de encuestas te permite ver qué percepción tiene el cliente de tu negocio, de tu producto o servicio. Muchas veces, tú crees que tu negocio transmite bien lo que vendes y lo que haces, pero una encuesta te permite ver *de qué lado masca la iguana* (diríamos en México). Un cuestionario completado por tus clientes es una radiografía de lo que verdaderamente piensan de tu negocio, de tu producto o servicio.

Los resultados de estas encuestas no son para tenerlos solo como información, estos datos pueden marcar una pauta de los cambios y mejoras que **deberías** hacer. Debes tomar muy en serio estas encuestas, porque son la voz del cliente, y recuerda lo que dice el dicho: *El cliente manda.* Dos consejos: 1) procura que el cuestionario sea anónimo, para que tenga libertad de expresarse. Y 2) haz, a lo mucho, tres entrevistas al año.

USA LA TECNOLOGÍA

La tecnología es engañosa, es solo una herramienta, por sí sola ni produce ni avanza en nada, siempre necesitará la ayuda del hombre para que sea usada estratégicamente hacia donde este la dirija. Yo sé que en estos momentos ya se habla de la inteligencia artificial y sé que será un buen brinco para la humanidad, pero para efectos de lo que estamos estudiando, nos quedamos con la tecnología que es dirigida por el hombre.

Hace muchos, muchos años, perdí un cliente. El argumento que me dio fue que la otra agencia se había comprado una impresora láser y que ahora toda su publicidad sería "láser". Por supuesto que nosotros también teníamos una impresora láser de última generación, pero jamás les vendimos a nuestros clientes el razonamiento de hacer "publicidad láser". La impresora era solo un instrumento, una herramienta, la creatividad seguiría siendo humana, pero nuestro cliente no lo entendió y se dejó apantallar por la impresora de la competencia.

Meses después, regresó con nosotros porque sus anuncios dejaron de ser eficaces, estaban hechos con impresora láser pero, además de horribles, no eran estratégicos y, por lo tanto, dejaron de funcionar. Cuando regresó el cliente, estuvo más abierto a escuchar y tuvimos la oportunidad de recalcarle que la tecnología, usada estratégicamente y como una herramienta, es sumamente eficaz. La tecnología es una herramienta que, usada por mentes creativas, se convierte en un poderoso instrumento de comunicación y persuasión.

Actualmente, la tecnología es una herramienta que puede ayudar a posicionar nuestro negocio con, relativamente, poco dinero. Solo hay que saber usarla e invertir tiempo para aprender cómo la tecnología funciona en los negocios.

LAS REDES SOCIALES

Por lo general, se nos viene a la mente Facebook, Instagram y YouTube, pero en la actualidad hay muchas redes sociales, por lo que debemos tener noción y aprender a usar las que le convengan a nuestro negocio. Esta es una pequeña lista (2018):

Las principales redes sociales:

- Facebook
- Instagram
- Twitter
- MySpace
- Ning
- Tagged
- Myyearbook
- Meetup
- Bebo
- Multiply
- Orkut
- Skyrock
- Badoo
- StumbleUpon
- Delicious

- Foursquare
- MyOpera
- Kiwibox
- Hi5
- Snapchat

Redes sociales / Estilo de vida:
- CafeMom
- Care2
- CaringBridge
- DevianArt
- Ravelry
- AsmallWorld
- Vampire-
  Freaks
- Ibibo
- BlackPlanet
- Last.fm
- Buzznet
- Reverb
  Nation
- Flixster

Redes sociales / Viajeros:
- Wayn
- CouchSurfing
- TravBuddy

Redes sociales / De móviles:
- ItsMy
- MocoSpace
- Cellfun

Redes sociales / Videos:
- YouTube
- FunnyOrDie
- Stickam

Redes sociales /
Juntas y reuniones:
- Classmates
- MyLife
- MyHeritage
- Geni

Redes sociales / Negocios:
- LinkedIn
- Focus
- Ryze
- Xing
- Viadeo

Redes sociales / Adolescentes y jóvenes adultos:
- WeeWorld
- Habbo
- Tuenti

Redes sociales / Plataformas para blogs:
- WordPress
- Xanga
- Tumblr
- OpenDiary

Tú puedes segmentar el uso de las redes sociales de acuerdo al *target group* de tu negocio. Como las redes sociales cambian dramáticamente de un año a otro, te sugiero que busques en Internet las tendencias para que puedas escoger y decidir qué redes sociales resultan mejores para tu negocio.

E-MAIL MARKETING

Una de las metas importantes que debes ponerte es tener una lista de correos electrónicos de todos tus clientes. Busca la manera de obtenerlos, solo debes ser creativo. Puede ser por medio de una encuesta, o bien, en un formulario de cliente nuevo. Teniendo esa lista, le puedes dedicar promociones especiales, por eso, entre más grande sea tu lista, mejor.

Con los correos electrónicos puedes:

- Ofrecer servicio postventa.
- Felicitar a tus clientes en cumpleaños o días festivos.
- Ofrecer productos o servicios exclusivos para la venta por correo electrónico.
- Anunciar ofertas o promociones.
- Anunciar productos nuevos.
- Promover saldos.

Tu lista de *e-mails* puede convertirse en una mina de oro, por eso es tan importante. Si tu lista empieza a crecer y empiezas a tener constancia de correos electrónicos semanales o, tal vez, diarios, te recomiendo que uses la plataforma MailChimp, es gratuita y muy fácil de usar. Busca en Internet el nombre y después busca tutoriales, su uso es realmente muy fácil. Te ayuda a configurar correos electrónicos, a administrar tus listas, a programar envíos y tener estadísticas, entre otras cosas.

Una sugerencia para el contenido de tus correos electrónicos es que uses lenguaje casual, sin llegar a lo **informal.** A los clientes les gusta sentir la cercanía de quien les está mandando un correo electrónico. En muchas ocasiones, si perciben a la primera que solo tratas de vender, los pierdes. Necesitas encontrar un punto de fidelización, en el cual puedas mantener una sana comunicación con el cliente, de tal manera que sepan que el objetivo es venderles, pero que lo perciban a través de una relación que fabriques con ellos. Es, tal vez, una de las cosas más difíciles de lograr, por eso, la sugerencia es que cuides el lenguaje, la forma y la cantidad de tus correos electrónicos enviados.

En la firma de tu correo electrónico anexa todos los datos de contacto, incluyendo el domicilio de tu negocio, es preferible ser repetitivo a perder una venta solo porque no supieron dónde está tu negocio. Aunque parezca obvio, llega a suceder.

Una recomendación muy importante es que uses un correo electrónico que no sea de servicios gratuitos, como Google, Yahoo! o Hotmail. Tu dirección de correo electrónico dice mucho de ti, evita usar tu correo electrónico personal, y más si usas usuarios como "madmax123@yahoo.com" o "locochon69@hotmail.com", son nombres que no ayudan en nada a tu imagen. No es caro pagar un dominio (aun cuando no tengas sitio web, que lo veremos más adelante) y que pongas la dirección de tu correo electrónico, por ejemplo:

- contacto@sensaciones.com; o
- informes@sensaciones.com.

Los cuales le dan mayor seriedad y solidez a la imagen de tu negocio.

SITIO WEB

Crear una página web puede ser caro, sin embargo, hay muchas empresas que se dedican a hacer sitios económicos basados en plantillas. La recomendación es que tengas uno, tener un sitio le da confianza a la gente, actualmente, es tan confiable como un domicilio físico.

Tener un sitio, además de crear confianza, logra que un cliente potencial que busca el servicio o producto que ofreces te pueda encontrar y pueda ver lo que vendes. Hoy, la gente ya no usa la sección amarilla para buscar productos o servicios, usa Internet y, sin duda, debes estar allí cuando te busquen.

El sitio es tan importante que debes dedicarle tiempo, esfuerzo y dinero a su creación. Los mismos de la sección amarilla (por lo menos en México) ofrecen el servicio de creación de sitios web, pero también hay servicios en línea para hacer sitios con apariencia profesional y relativamente económicos, no obstante, mi recomendación es que pagues a un despacho de publicidad para que te elabore un estratégico sitio web.

Procura que tu sitio web sea un elemento de ventas y que, por muy obvio que parezca, tenga todos los datos de contacto en todas sus secciones, teléfono, domicilio, ubicación, correos electrónicos y hasta, de ser posible, los nombres de las personas que pueden atender pedidos o preguntas.

Aunque lo hemos repetido mucho a través de todo el libro, vale la pena recordarte que el sitio web debe mantener tu misma imagen corporativa y debe ser coherente con los mensajes que estás enviando en los otros medios que estás usando.

GOOGLE MAPS Y WAZE

Google es una empresa que entiende muy bien las necesidades de los negocios y siempre está tratando de mejorar sus servicios destinados a toda clase de negocios, desde grandes emporios hasta los negocios callejeros. Uno de esos servicios geniales es Google Maps, en el cual puedes insertar tu negocio para que aparezca en sus mapas. Aún en las búsquedas, tus clientes no tienen que poner tu domicilio para encontrarte, solo con escribir el nombre de tu negocio aparece en el servidor.

Es un proceso muy sencillo, primero debes tener una cuenta de correo electrónico de Gmail, lo cual, automáticamente, te abre una cuenta en Google y con esta puedes acceder a sus servicios de negocios. Le tienes que invertir veinte o treinta minutos, pero es una gran ayuda para que tus clientes te ubiquen fácilmente. Además, este servicio es sin costo.

De la misma manera con Waze, que es un mapa con GPS localizador. También puedes registrar tu negocio ahí, para que al escribir su nombre, aparezca en los mapas de la aplicación. Este registro también es gratis. Además, dentro de sus servicios ofrecen "publicidad" de tu negocio a todos los automovilistas usuarios de Waze, cuando van pasando cerca de tu negocio, les aparece un *banner* con su logo.

SÁCALE JUGO A WHATSAPP

Otra de las razones por las cuales recomiendo hacer una base de datos de tus clientes con toda su información de contacto es que, pidiéndoles permiso, puedas usar WhatsApp para mandarles información consistentemente a sus celulares. De promociones, de nuevos productos, nuevos horarios, nuevos servicios, para felicitarlos en su cumpleaños, para dejar mensajes motivacionales en fechas importantes, y un largo etcétera.

Te recomiendo que no abuses, porque puede suceder que hostigues a tus clientes y te bloqueen. Es mejor ser mesurado, pero atinado. Recuerda que tus clientes son tu primera base de crecimiento, tanto como la búsqueda de nuevos clientes. Una vez que ya tienes un cliente, puedes ofrecerle más productos o servicios y WhatsApp te permite dar seguimiento directo a tus clientes.

Esta aplicación tiene dos modalidades, una es crear grupos y otra es crear listas de difusión. Para efectos de publicidad es recomendable usar las listas y evitar los grupos. En los grupos, todos leerían las respuestas de los demás, encima que compartes información privada de teléfonos que tus clientes te confiaron. La lista de difusión manda el mensaje a los contactos seleccionados, pero como mensajes individuales, los demás usuarios no tienen acceso a los teléfonos de tu lista de difusión y no se enteran de las respuestas de los demás.

VENTA EN LÍNEA

La venta en línea parece un poco complicada por los trámites que se deben hacer, pero la verdad es que no lo es, solo son pequeños trámites a los que les debes dedicar un poco de tiempo. La venta en línea puede ayudar mucho a los negocios de calle. Lo siguiente es solo una pequeña guía de lo que puedes hacer fácilmente. Hay muchos recursos para la venta en línea, la guía que pongo aquí espero que te sirva para marcar el camino.

1. Abre una cuenta en PayPal. Es muy sencillo, te recomiendo que la certifiques. PayPal tiene un sistema que corrobora que eres un negocio real y que tienes una cuenta en el banco.

2. Una vez que ya tienes PayPal como sistema de cobranza, puedes buscar servicios de sitios para venta en línea, como Shopify, SpinCommerce u otra que te convenza. Estos sitios son muy buenos, porque ellos proveen todo para que puedas vender en línea.

3. Dedica tiempo a atender las preguntas de tus clientes potenciales. Ten en cuenta que tener una tienda en línea es como tener una sucursal y la debes atender al 100%.

La venta en línea es muy buena, porque te genera negocio de lugares y personas que no te han encontrado en tu domicilio físico, sin embargo, esto también representa un problema, dado que tal vez el que te quiera comprar vive en otra ciudad, en otro estado e inclusive en otro país. El inconveniente se da, por ejemplo, si tu negocio es un restaurante. Entonces, lo que debes hacer antes de dar el primer paso es evaluar si tu producto o servicio puede ofrecerse en Internet, sabiendo que puede haber interesados de otras localidades.

CRECE CON LA CIUDAD

Curiosamente, uno de los grandes principios de 'marketing' que yo utilizo no está en los libros de mercadotecnia o publicidad, está en la Biblia, lo llamo "espiral de crecimiento". Creo firmemente que la Biblia es un manual de vida y, por supuesto, que es el manual de 'marketing' por excelencia. Déjame darte el contexto: cuando Jesús estaba despidiéndose de sus pupilos, de la gente que entrenó por tres años, les dijo:

"[...] y serán mis testigos, y le hablarán a la gente acerca de mí en todas partes: en Jerusalén, por toda Judea, en Samaria y hasta los lugares más lejanos de la Tierra [...]" (hechos 1:8).

La cuestión aquí es que este modelo sí les funcionó, extendieron el mensaje de su mentor por todo el mundo y su trabajo permanece hasta el día de hoy.

Esta es la enseñanza; dijo que primero extendieran el mensaje en Jerusalén, que era la ciudad donde radicaban, que empezaran por conquistar la ciudad donde vivían.

Después de que hubieran conquistado su ciudad, les pidió que se extendieran a la región de Samaria; por el contexto, no se refería a la ciudad, sino a la región. Finalmente, que siguieran expandiendo su mensaje en toda esa región. Una vez que hubieran extendido su mensaje en Samaria, les dijo que continuaran hasta los lugares más lejanos de la Tierra.

Este es el principio: empieza por conquistar tu zona y tu colonia, cuando lo hayas logrado, extiéndete a toda la ciudad; cuando la conquistes, lánzate a expandirte por el estado. Estoy seguro que, si lo aplicas, lo lograrás.

SIGUIENTE PASO, REPLÍCATE

Una vez que el tiempo te ha dado los cimientos y tu negocio es estable y próspero, puedes empezar a pensar en el siguiente paso, replicarte. Mismo modelo en diferente lugar.

La insistencia, al inicio de este libro, por levantar un modelo coherente y controlado es precisamente para cuando llegue este momento, cuando quieres abrir una sucursal. Tener un modelo bien delimitado, definido y controlado te ayuda.

Ayuda mucho, en primer lugar, conquistar nuestra zona de arranque, la cual puede ser nuestra colonia. Una vez que ya hemos conquistado esa zona, podemos pensar en los siguientes territorios a conquistar. Puede que tengas la tentación de querer abrir varias sucursales al mismo tiempo, pero lo ideal es no hacerlo, lo que recomiendo es seguir al siguiente nivel, abarcar una zona más grande.

Cuando se trata de poblados pequeños, puedes pensar en abrir una sucursal en el siguiente poblado, es válido y cabe dentro del proyecto de conquistar la zona que sigue. Pero, en una ciudad grande, vale la pena que esa conquista sea por partes. Ve creciendo tu zona de conquista, esto hará que vayas creciendo con la ciudad, a su ritmo. En la actualidad, una ciudad grande difícilmente deja de crecer, al contrario, toma ritmos de crecimiento impresionantes. Debemos aprovechar esa fuerza de crecimiento para crecer junto con ella.

DEFINE TU TERRITORIO DE CONQUISTA

Al principio de este libro recomendé definir nuestro territorio, así como definir nuestro territorio de conquista. En esta etapa es lo mismo, debes definir cuál será tu siguiente territorio de conquista. ¿Abarcar tres colonias más? ¿Una sucursal al sur de la ciudad? ¿Una al norte? ¿Abrir una sucursal en el centro? Debes definir, objetivamente y no de manera sentimental ni emocional, cuál será tu próximo terreno de conquista.

Esta definición debe ser lo más objetiva y detallada posible, evita las fantasías. Si bien, tu negocio puede crecer mucho, debes planear con los pies en la tierra el siguiente paso. No hagas un plan de tener 800 sucursales en toda

América Latina, puede ser que tengas un negocio que lo logre, sin embargo, planea paso a paso esa conquista, de manera realista.

Debes lograr un modelo que se pueda replicar, que esa sea tu meta. Yo te recomiendo que leas mucho acerca de cómo hacer negocios estandarizados, en una librería vas a encontrar buenos libros acerca de esto. Por lo general, los libros que hablan de franquicias y de cómo hacerlas tienen muy buenas ideas y métodos para lograrlo.

Cuando tienes un prototipo **probado**, estás listo para conquistar tu ciudad, o ¿por qué no? todo el mundo.

TU CORAZÓN EN EL OFICIO, TU MENTE EN EL NEGOCIO

Cuando tenía veinte años, a la mitad de la carrera, se me metió la idea a la cabeza de trabajar en una agencia de publicidad de "las grandes ligas". No fue nada fácil, en aquel entonces, ese pequeño círculo de 52 agencias de ese nivel era muy cerrado, realmente me costó entrar, después de mucho esfuerzo, de verdad, mucho esfuerzo. Tengo muchas anécdotas de esos dos años de trabajo duro, pero tengo una que verdaderamente me sirvió para entender un tema de negocios, el cual me ha ayudado mucho para comprender el 'marketing'.

*Para no hacer el cuento largo, empezaré por comentar que estaba trabajando, **sin cobrar,** como 'Copy Traineé' (redactor publicitario en entrenamiento) en una agencia que, en ese momento, era la más sexy de todas, era García Patto y Asociados. Yo estaba a cargo de Aurrera y algunos textos de Nissan, sin cobrar, pero aprendiendo muchísimo. Así se estilaba entonces para entrar a estas grandes agencias, claro, si no tenías un papá, un tío o un amigo trabajando ahí.*

Llevaba como ocho meses así cuando, un día, al entrar a la agencia, me topé de frente con el dueño, Don Silvio García Patto (QEPD), jamás voy a olvidar cómo me vio y cómo inmediatamente preguntó quién era yo. Al otro día, me mandó a llamar a su oficina y me dijo que a él no le gustaban los polizontes en su barco, pensé para mí <<hasta aquí llegué>>, pero mi agradable sorpresa fue que me dijo: "Vas a trabajar conmigo aquí en mi oficina por un mes. Vas a estar en todas mis juntas, menos en las privadas, y vamos a trabajar juntos algunos conceptos creativos, terminando el mes vas a quedar contratado".

Ese mes fue una de las mejores experiencias que he tenido en toda mi carrera como publicista. Aprendí muchas cosas importantes, pero hay una que no se me va a olvidar jamás y que me ha servido para desarrollar un concepto propio de 'marketing'.

En una junta acalorada, clásica discusión entre creativos y ejecutivos de cuenta, Don Silvio dijo unas palabras, con dos dedos de su mano derecha tocó primero su corazón y dijo: "Con pasión" y después se tocó la cabeza con los mismos dedos y dijo: "Pero inteligentes". Inmediatamente, todos se calmaron y empezaron a defender sus ideas, pero con argumentos, sin involucrar las emociones que los enturbiaban.

Después, con los años, he pulido ese concepto que, en lo personal, me ha ayudado mucho, y es ese el concepto que quiero platicarte en este último capítulo. Cabe apuntar que siempre estaré agradecido con Don Silvio, por haberme dado la opor-

tunidad no solo de contratarme, sino de pasar un mes con él trabajando en su oficina.

AUTOEMPLEARSE ES RIESGOSO

Empezar un negocio siempre será riesgoso, pero también emocionante, a veces, esa emoción nubla la razón, no deja ver ciertas realidades. En ocasiones, un negocio pequeño en realidad es un autoempleo, y no está mal que lo sea, siempre y cuando instales sistemas y procesos. Si no lo haces, será muy difícil crecer y establecerte de manera exitosa.

Comúnmente, cuando empezamos un negocio, lo hacemos con el oficio que nos gusta y que dominamos, sea el que sea. Si no enfocamos nuestra mente en tener sistemas y procesos, nos confiamos con el oficio que nos empujó a abrir el negocio y empezamos a tener un negocio en el cual todo gire alrededor de nosotros, porque somos nosotros los que "sabemos hacer las cosas". Quedamos como autoempleados, lo cual no tiene nada de malo, el problema es cuando todo gira y **depende** de nosotros. En otras palabras, el negocio no camina si no estamos nosotros. ¿Cuántas veces han *tronado* negocios muy prósperos porque, cuando se muere el dueño, también se muere la empresa? Lo he visto muchas veces.

Debemos lograr que el negocio camine sin nosotros, que no seamos indispensables para nuestra empresa. Esta debe ser una meta principal en la vida de tu negocio.

Es natural que ames lo que haces, estoy seguro que ese fue un fuerte argumento para decidirte a arrancar tu negocio, el consejo es conservar esa pasión por tu oficio, pero aprender a preparar tu mente para el negocio. **Pon tu corazón en el oficio y tu mente en el negocio,** esta es la mejor combinación que puedes lograr, te aseguro que pronto tendrás una buena empresa, lista para el crecimiento. También te aseguro que, si todo tu corazón y mente están en tu oficio, no podrás avanzar mucho, tendrás algunos clientes contentos, pero no pasarás de allí. Si quieres crecer, necesitas delegar y, para hacerlo, debes, repito, poner tu corazón en el oficio y tu mente en el negocio. Cuando entiendas este principio, deberás buscar tu crecimiento personal en esas dos áreas;

Por el lado de tu oficio (pasión), buscar y conocer las tendencias que existen, nunca te quedes estacionado en lo que sabes y dominas, las cosas cambian muy rápido y hay que estar actualizado. Hoy, gracias a Google, es fácil encontrar tendencias de nuestros oficios. Crea un sistema de autoaprendizaje, debes estar en continua capacitación. Nunca dejes de crecer ni de aprender cosas nuevas de tu oficio, eso te mantendrá en un lugar de innovación en cuanto a tu oficio y siempre estarás actualizado con las nuevas tendencias.

Y por otro lado, debes crecer en la parte del negocio, la cual, muchas veces, es la más difícil, porque son otros temas bien diferentes a lo que sabes hacer. Debes aprender de:

- Finanzas (personales y de negocio)
- Contabilidad
- Planeación fiscal (lo básico)
- Administración
- Mercadotecnia
- Préstamos bancarios
- Agenda profesional y lista de pendientes
- Marketing y publicidad

Con estos temas tienes para **entretenerte** por un buen tiempo. Busca asesorías en las universidades, toma cursos y talleres, y ve adiestrando a tu mente para volverla una mente empresarial. Hay mucho material de enseñanza seria en Internet y, muchas veces, gratis, por ejemplo, te recomiendo la aplicación de Google Prime.

Recuerda, ya tienes tu oficio, ahora debes entrenarte como hombre o mujer de negocios. Tu corazón en el oficio, tu mente en los negocios.

BIBLIOGRAFÍA

https://www.marketingdirecto.com/punto-de-vista/la-columna/31-definiciones-de-mercadotecnia-9

Aaker David A., Keller Kevin, Otros, 2002, Nuevas Tendencias del Marketing, Deusto.

Kotler Philip, 2014, El marketing según Kotler, Paidós.

Aaker David A., Erich Joachimsthaler, 2005, Liderazgo de Marca, Deusto.

Hopkins Claude, 1923, Publicidad Científica, UPA BTL Editores.

Ogilvy David, 1963, Confessions of an Advertising Man, South Bank Publishing.

Branson Richard, 2016, El Estilo Virgin, Paidós.

Ries Al & Ries Laura, 2000, 22 Leyes Inmutables de la Marca, McGraw Hill.

Rodríguez Abelardo, 2005, Logo ¿Qué?, Siglo XXI Editores.

Gerber Michael, 2005, El Mito del Emprendedor, Paidós Empresa.

Nielsen Jakob, 2000, Usabilidad, Prentice Hall.

9 786072 926615